師《し》子《し》のストーリー

池《いけ》田《だ》先《せん》生《せい》の歩《あゆ》み

JN023153

もくじ

一、本書は、「少年少女きぼう新聞」に掲載された「師子のストーリー　池田先生の歩み」（2018年4月～2019年12月）を、『師子のストーリー　池田先生の歩み』としてまとめました。加筆・訂正・省略したものもあります。

一、編集部による注は、（　）内に記しました。

――編集部

文《ぶん》・ひがし しんぺい ／絵《え》・間瀬健治《ませけんじ》

ブックデザイン・地代紀子《ちだいのりこ》

1928〜1945年

学《まな》びながら働《はたら》き、家族《かぞく》を支《ささ》える

日本《にほん》の空《そら》の玄関口《げんかんぐち》・羽田空港《はねだくうこう》（東京国際空港《とうきょうこくさいくうこう》）。かつて、この辺《あた》りの海《うみ》は、漁《りょう》や海苔《のり》作《づく》りが盛《さか》んなところでした。

池田家《いけだけ》も江戸時代《えどじだい》から代々《だいだい》、この大森海岸《おおもりかいがん》で海苔《のり》を作《つく》ってきました。何十人《なんじゅうにん》もの人《ひと》をやとうほど、たくさんの海苔《のり》が採《と》れていた時期《じき》もありました。

しかし、1923年の関東大震災《かんとうだいしんさい》のころから、あまり海苔《のり》が採《と》れなくなります。

そんな池田家《いけだけ》の5番目《ばんめ》の男《おとこ》の子《こ》として、池田大作先生《いけだだいさくせんせい》が生《う》まれたのは、1928年1月2日のことです。父《ちち》の名《な》は子之吉《ねのきち》。母《はは》の名《な》は一《いち》といいました。

先生《せんせい》が小学《しょうがく》2年生《ねんせい》の時《とき》、一家《いっか》の働《はたら》き手《て》の中心《ちゅうしん》である子之吉《ねのきち》がリウマチという病気《びょうき》になって、ねたきりになってしまいます。育《そだ》ち盛《ざか》りのたくさんの子《こ》どもがいる大家族《だいかぞく》。たちまち池田家《いけだけ》の暮《く》らしは苦《くる》しくなりました。

それでも母《はは》の一《いち》は、子《こ》どもたちの前《まえ》では明《あか》るく「うちは貧乏《びんぼう》の横綱《よこづな》だ」と言《い》って、笑顔《えがお》をたやさない人《ひと》でした。

◎　◎　◎

海苔作《のりづく》りは、冬《ふゆ》の早朝《そうちょう》の海《うみ》での大変《たいへん》な仕事《しごと》です。池田先生《いけだせんせい》も少年《しょうねん》のころ、朝早《あさはや》く起《お》きて何度《なんど》も海苔作《のりづく》りを手伝《てつだ》いました。家計《かけい》を少《すこ》しでも助《たす》けるため、小学《しょうがく》6年生《ねんせい》からの3年間《ねんかん》は新聞配達《しんぶんはいたつ》もしました。

このころ日本《にほん》は戦争《せんそう》への道《みち》を進《すす》んでいました。1937年に中国《ちゅうごく》との戦争《せんそう》が始《はじ》まると、国《くに》の命令《めいれい》で長男《ちょうなん》の喜一《きいち》も軍隊《ぐんたい》に入《はい》ることになりました。1941年、ついに日本《にほん》はアメリカなど世《せ》界中《かいじゅう》を相手《あいて》に戦争《せんそう》を始《はじ》めます。池田家《いけだけ》では、2番目《ばんめ》、3番目《ばんめ》、4番目《ばんめ》の兄《あに》も、次々《つぎつぎ》に兵隊《へいたい》にされました。

先生《せんせい》は14歳《さい》になると蒲田《かまた》にある鉄工所《てっこうじょ》で働《はたら》くようになりました。ところが、間《ま》もなく血《ち》のにじんだタンが出《で》て、高熱《こうねつ》に苦《くる》しむようになりました。結核《けっかく》という肺《はい》の病気《びょうき》にかかっていたのです。それでも家族《かぞく》を支《ささ》えるために、働《はたら》き続《つづ》けました。

病弱《びょうじゃく》のくやしさ。戦時下《せんじか》（第《だい》2次世界大戦《じせかいたいせん》）の暗《くら》い世《よ》の中《なか》。貧《まず》しさ。わずかな時間《じかん》を見《み》つけて本《ほん》を読《よ》むことだけが、先生《せんせい》の楽《たの》しみでした。

子《こ》どものころ体《からだ》が弱《よわ》かった池田先生《いけだせんせい》。それでも、海苔作《のりづく》りの手伝《てつだ》いや新聞配達《しんぶんはいたつ》をして、家族《かぞく》を支《ささ》えました

やがてアメリカ軍《ぐん》の空襲《くうしゅう》が激《はげ》しくなって、東京《とうきょう》の下町方面《したまちほうめん》では一晩《ひとばん》で10万人《まんにん》もの人《ひと》が焼《や》け死《し》にました。糀谷《こうじや》にあった先生《せんせい》の家《いえ》は、次《つぎ》の空襲《くうしゅう》で燃《も》え広《ひろ》がらないように空《あ》き地《ち》をつくるため、国《くに》から強制的《きょうせいてき》にこわされてしまいます。

一家《いっか》は馬込《まごめ》の親《しん》せきの家《いえ》に引《ひ》っこすことになり、リヤカーで荷物《にもつ》を運《はこ》びました。そして、さあ、あしたからは新《あたら》しい家《いえ》での生活《せいかつ》になるという前夜《ぜんや》、アメリカ軍《ぐん》の空襲《くうしゅう》で馬込方面《まごめほうめん》にも雨《あめ》のように爆弾《ばくだん》が落《お》とされたのです。

燃《も》え上《あ》がる火《ひ》の中《なか》、先生《せんせい》と弟《おとうと》が必死《ひっし》で運《はこ》び出《だ》した、たった一《ひと》つの箱《はこ》。翌朝《よくあさ》、焼《や》けあとで開《あ》けてみると、ひな人形《にんぎょう》でした。

何《なに》もかも失《うしな》って、ガッカリする子どもたちに、母《はは》の一《いち》は明《あか》るく言《い》いました。

「このおひな様《さま》がかざれるような家《いえ》に、きっと住《す》めるようになるよ。きっと……」

いつも希望《きぼう》を失《うしな》わない母《はは》の言葉《ことば》は、太陽《たいよう》のように、みなの心《こころ》を照《て》らし出《だ》しました。

1928年〜1945年の 主《おも》なできごと

西暦《せいれき》		世《よ》の中《なか》の主《おも》なできごと	池田先生《いけだせんせい》の年齢《ねんれい》	池田先生《いけだせんせい》・学会《がっかい》のできごと
1928	7月	アムステルダム五輪開催《ごりんかいさい》	0歳	1月2日　誕生《たんじょう》
1930	7月	サッカーの第《だい》1回《かい》「ワールドカップ」開催《かいさい》	2歳	11月18日 牧口先生《まきぐちせんせい》・戸田先生《とだせんせい》が「創価教育学会《そうかきょういくがっかい》」を創立《そうりつ》
1933	3月	日本《にほん》が国際連盟《こくさいれんめい》を脱退《だったい》	5歳	
1935			7歳	海苔作《のりづく》りを手伝《てつだ》い始《はじ》める
1937	4月	ヘレン・ケラーが来日《らいにち》	9歳	兄《あに》・喜一《きいち》が軍隊《ぐんたい》に入《はい》る
	7月	日中戦争《にっちゅうせんそう》が始《はじ》まる		
1939			11歳	新聞配達《しんぶんはいたつ》を始《はじ》める
1941	12月	太平洋戦争《たいへいようせんそう》が始《はじ》まる	13歳	兄《あに》たちが次々《つぎつぎ》に軍隊《ぐんたい》に入《はい》る
1942	2月	みそ・しょうゆの配給制《はいきゅうせい》が始《はじ》まる	14歳	蒲田《かまた》の鉄工所《てっこうじょ》で働《はたら》き始《はじ》める
1945	3月	東京大空襲《とうきょうだいくうしゅう》	17歳	

１９４５～１９４９年

師匠《ししょう》・戸田先生《とだせんせい》との出会《であ》い

１９４５年８月15日、長《なが》かった戦争《せんそう》が日本《にほん》の〝降伏《こうふく》〟によって、終《お》わりました。東京《とうきょう》をはじめ、多《おお》くの都市《とし》が空襲《くうしゅう》を受《う》け、焼《や》け野原《のはら》になっていました。食《た》べるものが不足《ふそく》し、だれもがおなかをすかせていました。

住《す》むはずだった馬込《まごめ》の家《いえ》を空襲《くうしゅう》で焼《や》かれた池田家《いけだけ》は、羽田空《はねだくう》港《こう》に近《ちか》い、森《もり》ケ崎《がさき》の小《ちい》さな家《いえ》で暮《く》らすことになりました。

戦争《せんそう》が終《お》わった次《つぎ》の年《とし》、戦地《せんち》にいた兄《あに》たちが、ようやく日本《にほん》にもどってきました。しかし、長男《ちょうなん》の喜一《きいち》は帰《かえ》ってきません。さらに1年が過《す》ぎた5月のある日《ひ》、一通《いっつう》の知《し》らせが届《とど》きました。それは、喜一《きいち》が45年1月にビルマ（現在《げんざい》のミャンマー）で戦死《せんし》していたという知《し》らせだったのです。

母《はは》の一《いち》が小《ちい》さな背中《せなか》をふるわせて泣《な》いていた姿《すがた》を、池田先生《いけだせんせい》は忘《わす》れることができませんでした。戦争《せんそう》がどれほど人々《ひとびと》を不幸《ふこう》にし、苦《くる》しめるか。先生《せんせい》の胸《むね》の中《なか》に、戦争《せんそう》への強《つよ》い怒《いか》りが改《あらた》めてこみ上《あ》げました。

戦争中《せんそうちゅう》はずっと〝正義《せいぎ》の戦争《せんそう》〟と言《い》っていた大人《おとな》たちが、戦《せん》争《そう》が終《お》わったとたん「日本《にほん》はまちがっていた。国民《こくみん》はだまされていた」と言《い》い始《はじ》めました。

いったい、何《なに》が正《ただ》しく何《なに》がまちがっているのだろう。これから何《なに》を信《しん》じて生《い》きるべきなのだろう。池田先生《いけだせんせい》は、昼間《ひるま》は働《はたら》き、夜《よる》は学校《がっこう》で学《まな》び、むさぼるように本《ほん》を読《よ》みました。世界《せかい》の名著《めいちょ》を開《ひら》いては、心《こころ》にひびいた文章《ぶんしょう》を書《か》き写《うつ》しました。

◎ ◎ ◎

19歳《さい》になっていた47年の夏《なつ》、友人《ゆうじん》から「戸田城聖《とだじょうせい》という人《ひと》の話《はなし》を聞《き》きに行《い》きませんか」とさそわれました。

8月14日の夜《よる》、友人《ゆうじん》に案内《あんない》されていくと、20人《にん》ほどの人《ひと》が集《あつ》まっています。眼鏡《めがね》をかけた男《おとこ》の人《ひと》の話《はなし》を、みんな熱心《ねっしん》に聞《き》いているのです。

戸田先生《とだせんせい》が日蓮大聖人《にちれんだいしょうにん》の「立正安国論《りっしょうあんこくろん》」を講義《こうぎ》していたのでした。講義《こうぎ》が終《お》わり、友人《ゆうじん》が池田先生《いけだせんせい》のことを戸田先生《とだせんせい》に紹介《しょうかい》しました。戸田先生《とだせんせい》はやさしい笑《え》みをうかべて、まるで前《まえ》から知《し》っていた人《ひと》に話《はな》しかけるように「池田君《いけだくん》は、いくつになったね?」とたずねました。

池田先生《いけだせんせい》の質問《しつもん》にも、戸田先生《とだせんせい》は誠実《せいじつ》に答《こた》えてくださいました。何《なに》よりも戸田先生《とだせんせい》は牧口先生《まきぐちせんせい》と共《とも》に、戦争中《せんそうちゅう》も信念《しんねん》をつらぬき、牢《ろう》に入《はい》っていた人《ひと》です。〝この人《ひと》は信《しん》じられる!〟。池田《いけだ》先生《せんせい》はそう思《おも》いました。

池田先生《いけだせんせい》は立《た》ち上《あ》がると、この日《ひ》の感動《かんどう》を自分《じぶん》で作《つく》った詩《し》にこめて、戸田先生《とだせんせい》に聞《き》いてもらいました。

…………

心《こころ》の　暗雲《あんうん》をはらわんと
嵐《あらし》に動《うご》かぬ大樹《たいじゅ》を求《もと》めて
われ　地《ち》より湧《わ》き出《いで》んとするか

まだ仏法《ぶっぽう》の難《むずか》しいことはよく分《わ》からないけれど、この戸田城聖《とだじょうせい》という人《ひと》を信《しん》じて、自分《じぶん》も共《とも》に生《い》きていこうと決《き》めたのです。出会《であ》いから10日後《ご》の8月24日、池田先生《いけだせんせい》は日蓮大聖人《にちれんだいしょうにん》の仏法《ぶっぽう》の信仰《しんこう》を始《はじ》めました。

若《わか》き池田先生《いけだせんせい》は、戸田先生《とだせんせい》との出会《であ》いの感動《かんどう》を詩《し》にこめました

戸田先生《とだせんせい》は日本正学館《にほんしょうがっかん》という出版社《しゅっぱんしゃ》を経営《けいえい》していました。池《いけ》田先生《だせんせい》は21歳《さい》になった翌日《よくじつ》の49年1月3日から、この日本正学《にほんしょうがっ》館《かん》で働《はたら》くことになるのです。

1945年〜1949年の 主《おも》なできごと

西暦《せいれき》		世《よ》の中《なか》の主《おも》なできごと	年齢《ねんれい》		池田先生《いけだせんせい》・学会《がっかい》のできごと
1945	8月15日	終戦《しゅうせん》の日《ひ》	17	7月3日	戸田先生《とだせんせい》が出獄《しゅつごく》
	8月	ラジオや新聞《しんぶん》の天気予《てんきよ》報《ほう》が再開《さいかい》		9月	東洋商業《とうようしょうぎょう》（現《げん》・東洋高校《とうようこうこう》）の夜学《やがく》に通《かよ》い始《はじ》める
	12月31日	「紅白音楽試合《こうはくおんがくじあい》」（紅白《こうはく》歌合戦《うたがっせん》）ラジオ放送《ほうそう》		10月	戸田先生《とだせんせい》が西神田《にしかんだ》に日本《にほん》正学館《しょうがっかん》の事務所《じむしょ》を開設《かいせつ》
1946	4月	「サザエさん」の新聞《しんぶん》れんさい始《はじ》まる	18	3月	「創価教育学会《そうかきょういくがっかい》」の名称《めいしょう》を「創価学会《そうかがっかい》」に改称《かいしょう》
1947	4月	男女共学《だんじょきょうがく》の小中高《しょうちゅうこう》（6・3・3）制《せい》が発足《ほっそく》	19	8月14日	戸田先生《とだせんせい》と出会《であ》う
	5月3日	日本国憲法《にほんこくけんぽう》が施行《しこう》される		8月24日	入信記念日《にゅうしんきねんび》
1948	1月	マハトマ・ガンジーが暗《あん》殺《さつ》される	20	4月	大世学院《たいせいがくいん》（現《げん》・東京富士《とうきょうふじ》大学《だいがく》）の夜間部《やかんぶ》に入学《にゅうがく》
1949	11月	湯川秀樹《ゆかわひでき》がノーベル物《ぶつ》理学賞《りがくしょう》を受賞《じゅしょう》	21	1月	戸田先生《とだせんせい》のもと日本正学《にほんしょうがっ》館《かん》で働《はたら》き始《はじ》める

1950〜1953年

「戸田大学《とだだいがく》」で徹《てっ》して学《まな》ぶ

日本正学館《にほんしょうがっかん》に入社《にゅうしゃ》してまもなく、池田先生《いけだせんせい》は「冒険少年《ぼうけんしょうねん》」という子《こ》ども向《む》け雑誌《ざっし》の編集《へんしゅう》をまかされます。21歳《さい》の編集長《へんしゅうちょう》でした。

しばらくして、池田先生《いけだせんせい》のアイデアで雑誌名《ざっしめい》も「少年日本《しょうねんにっぽん》」に変《か》わります。日本《にほん》の未来《みらい》を開《ひら》く子《こ》どもたちに、少《すこ》しでも新《あたら》しい希望《きぼう》をおくりたい。先生《せんせい》は、当時《とうじ》の一流《いちりゅう》の小説家《しょうせつか》や画家《がか》たちに、執筆《しっぴつ》をお願《ねが》いしました。また、自《みずか》らも〝山本伸一郎《やまもとしんいちろう》〟というペンネームで、教育者《きょういくしゃ》ペスタロッチの伝記《でんき》などを書《か》きました。

ところが、戦争《せんそう》が終《お》わってすぐの時代《じだい》で、世《よ》の中《なか》は激《はげ》しくゆれ動《うご》いていました。小《ちい》さな出版社《しゅっぱんしゃ》である日本正学館《にほんしょうがっかん》の経営《けいえい》は、たちまち行きづまりました。せっかくの「少年日本《しょうねんにっぽん》」も、出版《しゅっぱん》できなくなってしまったのです。

◎　◎　◎

年《とし》が明《あ》けた1950年1月。戸田先生《とだせんせい》は新《あたら》しい仕事《しごと》に取《と》り組《く》んでいましたが、なかなか思《おも》うようには進《すす》みません。

このころ、池田先生《いけだせんせい》は休学《きゅうがく》していた夜間《やかん》の学校《がっこう》の勉強《べんきょう》を、何《なん》とか再開《さいかい》したいと思《おも》っていたのです。けれども、戸田先生《とだせんせい》のために昼《ひる》も夜《よる》も働《はたら》くためには、それをあきらめるしかありませんでした。

戸田先生《とだせんせい》は言《い》いました。

「苦労《くろう》をかけてすまない。そのかわり、ぼくが大学《だいがく》の勉強《べんきょう》をすべて君《きみ》に教《おし》えるからな」

日曜日《にちようび》ごとに、戸田先生《とだせんせい》のご自宅《じたく》で、池田先生《いけだせんせい》と〝一対一《いったいいち》〟

戸田先生《とだせんせい》から「今《いま》、何《なん》の本《ほん》を読《よ》んでいるかね？」と質問《しつもん》されることも。池田先生《いけだせんせい》は、ただ教《おそ》わるだけでなく、自《みずか》ら学《まな》ぶ努力《どりょく》も続《つづ》けていったのです

の勉強《べんきょう》が始《はじ》まりました。この授業《じゅぎょう》は「戸田大学《とだだいがく》」と名《な》づけられました。実際《じっさい》に大学《だいがく》の勉強《べんきょう》で使《つか》う本《ほん》を教材《きょうざい》に、ありとあらゆる学問《がくもん》を、真剣勝負《しんけんしょうぶ》で池田先生《いけだせんせい》に教《おし》えました。

世界《せかい》から400近《ちか》い名誉学術称号《めいよがくじゅつしょうごう》がおくられている池田先生《いけだせんせい》の英知《えいち》は、この「戸田大学《とだだいがく》」の中《なか》でみがき上《あ》げられたのです。

◎　◎　◎

戸田先生《とだせんせい》と池田先生《いけだせんせい》にとって、苦《くる》しい試練《しれん》の日々《ひび》が、まだ続《つづ》いていました。戸田先生《とだせんせい》は、学会《がっかい》の理事長《りじちょう》を辞《や》めなければなりませんでした。51年1月、戸田先生《とだせんせい》は自宅《じたく》に池田先生《いけだせんせい》を呼《よ》んで言《い》いました。

「もし、私《わたし》に何《なに》かあったら、すべて君《きみ》にまかせる。私《わたし》のこの世《よ》に生《う》まれた使命《しめい》は、また君《きみ》の使命《しめい》なんだよ」

池田先生《いけだせんせい》はまっすぐに戸田先生《とだせんせい》の目《め》を見《み》て答《こた》えました。

「先生《せんせい》、決《けっ》してご心配《しんぱい》なさらないでください」

何《なん》としても道《みち》を開《ひら》いて、戸田先生《とだせんせい》に創価学会《そうかがっかい》の会長《かいちょう》になっていただくのだ！　このかたい決意《けつい》で、池田先生《いけだせんせい》は題目《だいもく》をあげぬき、奮闘《ふんとう》していきました。

そしてついにすべてを打開《だかい》でき、51年5月3日、戸田先生《とだせんせい》は第《だい》2代会長《だいかいちょう》に就任《しゅうにん》されたのでした。戸田先生《とだせんせい》は宣言《せんげん》しました。〝私《わたし》が生《い》きているうちに75万世帯《まんせたい》の折伏《しゃくぶく》をやりとげる〟

その師匠《ししょう》の大誓願《だいせいがん》を、同《おな》じ誓願《せいがん》の心《こころ》で聞《き》いていたのが、ただ一人《ひとり》、池田先生《いけだせんせい》だったのです。

池田先生《いけだせんせい》の25歳《さい》の誕生日《たんじょうび》である1953年1月2日。戸田先《とだせん》生《せい》は池田先生《いけだせんせい》を、男子部《だんしぶ》の第一部隊長《だいいちぶたいちょう》に任命《にんめい》しました。この日《ひ》、若《わか》き広宣流布《こうせんるふ》のリーダーが誕生《たんじょう》したのでした。

1950年～1953年の 主《おも》なできごと

西暦《せいれき》		世《よ》の中《なか》の主《おも》なできごと	年齢《ねんれい》		池田《いけだ》先生《せんせい》・学会《がっかい》のできごと
1950	1月7日	1000円札発行《えんさつはっこう》（聖徳太子《しょうとくたいし》肖像《しょうぞう》）	22	1月	"一対一《いったいいち》"の勉強《べんきょう》 「戸田大学《とだだいがく》」が始《はじ》まる
	6月25日	朝鮮戦争《ちょうせんせんそう》が始《はじ》まる		11月	戸田先生《とだせんせい》と「大学《だいがく》」「新聞《しんぶん》」の構想《こうそう》について語《かた》り合《あ》う
1951	4月	マンガ「アトム大使《たいし》」（鉄腕《てつわん》アトムの前身《ぜんしん》）のれんさい始《はじ》まる	23	1月6日	戸田先生《とだせんせい》から学会《がっかい》や事業《じぎょう》の後事《こうじ》をまかされる
	9月4日	サンフランシスコ講和《こうわ》会議《かいぎ》（日本《にほん》の独立《どくりつ》が認《みと》められる）		4月20日	聖教新聞《せいきょうしんぶん》が創刊《そうかん》
				5月3日	戸田先生《とだせんせい》が第《だい》２代会長《だいかいちょう》に就任《しゅうにん》
1952		『アンネの日記《にっき》』の日本《にほん》語訳《ごやく》が出版《しゅっぱん》	24	4月	『日蓮大聖人御書全集《にちれんだいしょうにんごしょぜんしゅう》』が発刊《はっかん》
	7月19日	第《だい》15回《かい》オリンピック（ヘルシンキ）に戦後《せんご》、日本《にほん》が初参加《はつさんか》		5月3日	香峯子《かねこ》夫人《ふじん》と結婚《けっこん》
1953	2月1日	ＮＨＫ《エヌエイチケー》がテレビの本放送《ほんほうそう》を開始《かいし》	25	1月2日	男子部《だんしぶ》の第一部隊長《だいいちぶたいちょう》の任命《にんめい》を受《う》ける

1953～1956年

築《きず》きあげた〝民衆《みんしゅう》の連帯《れんたい》〟

戸田先生《とだせんせい》は、100年先《ねんさき》、200年先《ねんさき》までを思索《しさく》しながら、人類《じんるい》の平和《へいわ》と幸福《こうふく》の道《みち》を開《ひら》く決意《けつい》をしていました。そのためには、人々《ひとびと》がはげまし合《あ》い、どんな人《ひと》も力強《ちからづよ》く立《た》ち上《あ》がらせていく、創価学会《そうかがっかい》の土台《どだい》を、ビクともしないものにしておかなければなりません。

「私《わたし》の生《い》きている間《あいだ》に、必《かなら》ず75万世帯《まんせたい》の折伏《しゃくぶく》をしてみせる!」と宣言《せんげん》されたのも、はるかな未来《みらい》を見《み》つめてのことでした。そして、その師匠《ししょう》・戸田先生《とだせんせい》の決意《けつい》は、そのまま弟子《でし》である池田《いけだ》先生《せんせい》の誓《ちか》いであり、責任感《せきにんかん》でした。

◎　◎　◎

1953年1月、池田先生《いけだせんせい》が男子部《だんしぶ》の第一部隊長《だいいちぶたいちょう》になった時《とき》、第一部隊《だいいちぶたい》の男子部員《だんしぶいん》は300人《にん》ほどでした。池田先生《いけだせんせい》は、時《とき》には自宅《じたく》に青年《せいねん》たちをよんで、戸田先生《とだせんせい》から作《つく》り方《かた》を教《おそ》わったカレーをごちそうし、時《とき》には近所《きんじょ》の銭湯《せんとう》で語《かた》らいました。そして、今《いま》はどんな悩《なや》みがあろうとも、御本尊《ごほんぞん》に真剣《しんけん》に祈《いの》りぬいていけば、必《かなら》ず道《みち》が開《ひら》いていくのだという大確信《だいかくしん》を語《かた》っていきました。

携帯電話《けいたいでんわ》もメールもなかった時代《じだい》です。先生《せんせい》は会《あ》う時間《じかん》のない相手《あいて》には、何枚《なんまい》もハガキを送《おく》ってはげましました。第一部隊《だいいちぶたい》のだれもが勇気《ゆうき》と希望《きぼう》に燃《も》えて、わずか1年後《ご》には1000人《にん》を突破《とっぱ》していたのです。この勢《いきお》いは全国《ぜんこく》の男女青年部《だんじょせいねんぶ》、壮年《そうねん》・婦人部《ふじんぶ》にも広《ひろ》がっていきました。

1954年の夏《なつ》には夏季地方折伏《かきちほうしゃくぶく》で、戸田先生《とだせんせい》と共《とも》に北海道《ほっかいどう》の札幌《さっぽろ》へ。池田先生《いけだせんせい》の万全《ばんぜん》の準備《じゅんび》と、あたたかく力強《ちからづよ》いはげましで、多《おお》くの人《ひと》が学会《がっかい》に入会《にゅうかい》しました。戸田先生《とだせんせい》といっしょに、池田先生《いけだせんせい》が初《はじ》めて戸田先生のふるさとである厚田村《あつたむら》を訪問《ほうもん》したのも、この時《とき》のことです。

◎　◎　◎

1956年の1月、若《わか》さ池田先生《いけだせんせい》の姿《すがた》は大阪《おおさか》の関西本部《かんさいほんぶ》にありました。すでにお体《からだ》が弱《よわ》りはじめていた戸田先生《とだせんせい》から「創価《そうか》の民衆《みんしゅう》の連帯《れんたい》を、関西《かんさい》に築《きず》いてくれ」とたくされてきたのです。

まだ新幹線《しんかんせん》もなかった時代《じだい》。東京《とうきょう》での仕事《しごと》もあります。池田先生は夜行列車《やこうれっしゃ》で東京《とうきょう》と大阪《おおさか》を往復《おうふく》しながら、大阪中《おおさかじゅう》をかけめぐりました。朝《あさ》は関西本部《かんさいほんぶ》でみんなと勤行《ごんぎょう》し、御書《ごしょ》を通《とお》して指《し》導《どう》しました。悩《なや》みをかかえている人々《ひとびと》をはげまして奮《ふる》い立《た》たせ、自転車《じてんしゃ》を借《か》りて、町《まち》から町《まち》へと走《はし》りぬきました。

ある時《とき》は、大《おお》きな紙《かみ》に筆《ふで》で力強《ちからづよ》く指針《ししん》を書《か》き贈《おく》り、ある時《とき》は学会歌《がっかいか》の指揮《しき》をとり、入会間《にゅうかいま》もない関西《かんさい》の同志《どうし》たちを、池田先《いけだせん》生《せい》は、はげまし続《つづ》けたのです。

そして5月。先生《せんせい》と共《とも》に戦《たたか》った大阪支部《おおさかしぶ》は、1カ月《げつ》で1万《まん》1111世帯《せたい》の拡大《かくだい》を達成《たっせい》しました。こうして大阪《おおさか》を中心《ちゅうしん》とした

みんなをはげますため、大《おお》きく〝勇戦《ゆうせん》〟と書《か》いた池田先生《いけだせんせい》。関西《かんさい》の同志《どうし》は池田先生《いけだせんせい》にピッタリと心《こころ》を合《あ》わせて戦《たたか》い、勝利《しょうり》したのです

関西《かんさい》の地《ち》にも、東京《とうきょう》に負《ま》けないくらいの、いや、日本一《にほんいち》と言《い》っていいほどの、創価《そうか》の陣列《じんれつ》ができていきました。それは、名《な》もない庶民《しょみん》たちと池田先生《いけだせんせい》が築《きず》いた〝民衆《みんしゅう》の城《しろ》〟でした。

創価学会《そうかがっかい》という、今《いま》までなかった民衆《みんしゅう》の勢力《せいりょく》が発展《はってん》していく様子《ようす》を、良《よ》く思《おも》わない人《ひと》たちもいました。ごかいをまねくような、事実《じじつ》とことなるデマ（うそ）を書《か》く新聞《しんぶん》もありました。今《いま》までいばってきた者《もの》たちの目《め》には、〝新《あたら》しい力《ちから》〟〝民衆《みんしゅう》の力《ちから》〟は、じゃまだと映《うつ》っていたのです。

1953年～1956年の主《おも》なできごと

西暦《せいれき》		世《よ》の中《なか》の主《おも》なできごと	年齢《ねんれい》		池田先生《いけだせんせい》・学会《がっかい》のできごと
1953	7月27日	朝鮮戦争《ちょうせんせんそう》の休戦成立《きゅうせんせいりつ》	25	4月20日	文京支部《ぶんきょうしぶ》の支部長代理《しぶちょうだいり》に就任《しゅうにん》
1954	3月1日	アメリカが行《おこな》った水爆《すいばく》実験《じっけん》で日本《にほん》の漁船《ぎょせん》「第《だい》5福竜丸《ふくりゅうまる》」が被《ひ》ばく	26	5月6日	池田先生《いけだせんせい》の発案《はつあん》で、音楽《おんがく》隊《たい》が結成《けっせい》される
	11月3日	映画《えいが》「ゴジラ」が公開《こうかい》		8月	北海道指導《ほっかいどうしどう》へ。戸田先生《とだせんせい》のふるさと厚田村《あつたむら》を初訪問《はつほうもん》
1955	7月9日	世界《せかい》の科学者《かがくしゃ》が核兵器禁止《かくへいききんし》を求《もと》める「ラッセル・アインシュタイン宣言《せんげん》」を発表《はっぴょう》	27	3月	学会歌《がっかいか》「威風堂々《いふうどうどう》の歌《うた》」が誕生《たんじょう》
	12月1日	ローザ・パークスが逮捕《たいほ》され、バスのボイコット運動《うんどう》が起《お》きる		3月11日	「小樽問答《おたるもんどう》」で学会側《がっかいがわ》の司会《しかい》を務《つと》める
1956	5月9日	日本登山隊《にほんとざんたい》がヒマラヤのマナスル（8163ｍ）に初登頂《はつとうちょう》	28	5月	大阪支部《おおさかしぶ》が、1カ月で「1万《まん》1111世帯《せたい》」の拡大《かくだい》を達成《たっせい》
	7月1日	気象庁《きしょうちょう》が発足《ほっそく》		7月9日	第《だい》4回参議院選挙《かいさんぎいんせんきょ》 大阪《おおさか》で学会《がっかい》が支援《しえん》した候補《こうほ》が初当選《はつとうせん》

1956〜1958年

〝必《かなら》ず勝《か》つ〟との信念《しんねん》で

1956年9月。創価学会本部《そうかがっかいほんぶ》の会長室《かいちょうしつ》で、戸田先生《とだせんせい》は考《かんが》えをめぐらせていました。

学会《がっかい》が発展《はってん》すれば、立《た》ちふさがろうとする力《ちから》も強《つよ》くなるだろう。いかなる嵐《あらし》にもゆるがない創価学会《そうかがっかい》の基盤《きばん》を、完《かん》ぺきにしておかなければならない——。戸田先生《とだせんせい》は池田先生《いけだせんせい》に、まだ学会員《がっかいいん》の数《かず》が少《すく》なかった山口県《やまぐちけん》での、指導《しどう》と指揮《しき》をたのみました。

「やらせていただきます！」

池田先生《いけだせんせい》はすぐに準備《じゅんび》をしました。そして10月、11月、年《とし》が明《あ》けた1月と、池田先生《いけだせんせい》は山口県《やまぐちけん》の各地《かくち》を回《まわ》りました。先生《せんせい》の確信《かくしん》あふれるはげましにふれ、学会《がっかい》に入会《にゅうかい》する人《ひと》が次々《つぎつぎ》に生《う》まれました。この時《とき》の先生《せんせい》の山口県訪問《やまぐちけんほうもん》は、合《あ》わせて22日間《にちかん》でしたが、1月末《がつまつ》には山口県《やまぐちけん》の会員世帯数《かいいんせたいすう》は約《やく》10倍《ばい》に発展《はってん》したのです。

この勢《いきお》いは、全国《ぜんこく》の学会《がっかい》にも広《ひろ》がっていきました。

北海道《ほっかいどう》の夕張《ゆうばり》。ここには石炭《せきたん》をほり出《だ》す炭鉱《たんこう》があり、そこで働《はたら》く人《ひと》たちの労働組合《ろうどうくみあい》は、大《おお》きな力《ちから》を持《も》っていました。その組《くみ》合《あい》が、組合員《くみあいいん》の中《なか》で学会員《がっかいいん》だけを、いじめ始《はじ》めたのです。

1957年6月29日。池田先生《いけだせんせい》の姿《すがた》は夕張《ゆうばり》にありました。そして夕張《ゆうばり》の同志《どうし》たちをはげますと、7月2日には夕張大会《ゆうばりたいかい》を開《ひら》いて、学会《がっかい》の正《ただ》しさをうったえました。その後《ご》、炭鉱労働組合《たんこうろうどうくみあい》は、学会《がっかい》をだん圧《あつ》する方針《ほうしん》を転《てん》かんしていきます。

しかし、学会《がっかい》の発展《はってん》をおさえつけようとする権力《けんりょく》の魔性《ましょう》は、さらに牙《きば》をむいてきました。

7月3日、今度《こんど》は大阪府警《おおさかふけい》が池田先生《いけだせんせい》を逮捕《たいほ》したのです。理由《りゆう》は、先生《せんせい》が選挙違反《せんきょいはん》を会員《かいいん》に指示《しじ》したという、まったくのデタラメなものでした。

◎　◎　◎

14日後《ご》の7月17日、ようやく池田先生《いけだせんせい》は釈放《しゃくほう》されました。この日《ひ》、戸田先生《とだせんせい》も大阪《おおさか》に到着《とうちゃく》し、中之島《なかのしま》の大阪市中央公会堂《おおさかしちゅうおうこうかいどう》で大阪大会《おおさかたいかい》が開《ひら》かれました。1万数千人《まんすうせんにん》の学会員《がっかいいん》がつめかけ、会場《かいじょう》の外《そと》まで人《ひと》があふれ、特設《とくせつ》スピーカーから聞《き》こえる場内《じょうない》の音声《おんせい》に、耳《みみ》をすませていました。最後《さいご》にあいさつに立《た》った池田先生《いけだせんせい》は、力強《ちからづよ》くさけびました。

「正《ただ》しい仏法《ぶっぽう》が、必《かなら》ず勝《か》つという信念《しんねん》でやろうではありませんか！」

のちに大阪地方裁判所《おおさかちほうさいばんしょ》の裁判長《さいばんちょう》は、池田先生《いけだせんせい》が無罪《むざい》であるという判決《はんけつ》を出《だ》します。

この年《とし》（57年）の12月、学会《がっかい》は戸田先生《とだせんせい》が誓《ちか》った75万世帯《まんせたい》を、ついに達成《たっせい》しました。

３・16の式典《しきてん》の時《とき》、戸田先生《とだせんせい》の体《からだ》はすでに弱《よわ》っていました。池田先生《いけだせんせい》は青年《せいねん》たちにたのんで「車《しゃ》が」を用意《ようい》し、戸田先生《とだせんせい》に乗《の》っていただいたのです

1958年3月1日、戸田先生《とだせんせい》は、池田先生《いけだせんせい》に言《い》いました。

「さあ、これで私《わたし》の仕事《しごと》は終《お》わった。……大作《だいさく》、あとはお前《まえ》だ。たのむぞ！」

3月16日。戸田先生《とだせんせい》のもとに全国《ぜんこく》から6000人《にん》の青年《せいねん》たちが集《あつ》まりました。池田先生《いけだせんせい》をはじめとする後継《こうけい》の青年《せいねん》たちに、戸田先生《とだせんせい》は宣言《せんげん》しました。

「創価学会《そうかがっかい》は、宗教界《しゅうきょうかい》の王者《おうじゃ》であります」「未来《みらい》は君《きみ》たちに任《まか》せる。たのむぞ広宣流布《こうせんるふ》を！」

そして、4月2日。桜《さくら》の花々《はなばな》につつまれて、戸田先生《とだせんせい》は58年の生涯《しょうがい》を終《お》えました。

1956年～1958年の主《おも》なできごと

西暦《せいれき》	世《よ》の中《なか》の主《おも》なできごと		年齢《ねんれい》	池田先生《いけだせんせい》・学会《がっかい》のできごと	
1956	12月18日	日本《にほん》が国際連合《こくさいれんごう》に加盟《かめい》	28	10月	山口《やまぐち》で指揮《しき》をとり始《はじ》める（山口開拓指導《やまぐちかいたくしどう》）
1957	1月29日	南極観測隊《なんきょくかんそくたい》が南極大陸《なんきょくたいりく》に上陸《じょうりく》。昭和基地《しょうわきち》を設営《せつえい》	29	7月2日	夕張大会《ゆうばりたいかい》
				7月3日	選挙違反容疑《せんきょいはんようぎ》で不当逮捕《ふとうたいほ》される
	5月	日本《にほん》で「コカ・コーラ」の製造開始《せいぞうかいし》		7月17日	大阪拘置所《おおさかこうちしょ》から釈放《しゃくほう》される。大阪大会《おおさかたいかい》
	7月6日	第《だい》1回《かい》パグウォッシュ会議《かいぎ》（核兵器廃絶《かくへいきはいぜつ》を目《め》指《ざ》す科学者《かがくしゃ》の会議《かいぎ》）		9月8日	戸田先生《とだせんせい》が「原水爆禁止《げんすいばくきんし》宣言《せんげん》」を発表《はっぴょう》
	10月4日	ソ連《れん》（当時《とうじ》）が人工衛星《じんこうえいせい》の打《う》ち上《あ》げに成功《せいこう》		12月	戸田先生《とだせんせい》の誓《ちか》い「75万世帯《まんせたい》の弘教《ぐきょう》」を達成《たっせい》
1958	3月9日	山口《やまぐち》と福岡《ふくおか》を結《むす》ぶ関門《かんもん》トンネルが開通《かいつう》（世界《せかい》初《はつ》の海底《かいてい》トンネル）	30	3月16日	広宣流布《こうせんるふ》の記念式典《きねんしきてん》が開《ひら》かれる
	12月23日	東京《とうきょう》タワーの完工式《かんこうしき》（333メートル、当時《とうじ》高《たか》さ世界一《せかいいち》の電波塔《でんぱとう》）		4月2日	戸田先生《とだせんせい》が逝去《せいきょ》される

1958～1961年

世界平和《せかいへいわ》の旅《たび》の第一歩《だいいっぽ》をふみ出《だ》す

恩師《おんし》逝《ゆ》き
地涌《じゆ》の子等《こら》の
先駆《せんく》をば
われは怒濤《どとう》に
今日《きょう》も進《すす》まむ

1958年4月、戸田先生《とだせんせい》が亡《な》くなったあと、池田先生《いけだせんせい》がよんだ和歌《わか》です。

恩師《おんし》・戸田先生《とだせんせい》の〝不二《ふに》の弟子《でし》〟として、自分《じぶん》が恩師《おんし》に代《か》わって学会《がっかい》の同志《どうし》を守《まも》る！　いかに激《はげ》しい波《なみ》があろうとも、広宣流布《こうせんるふ》の道《みち》を開《ひら》いてみせる！

会長《かいちょう》のいなくなった創価学会《そうかがっかい》の中《なか》で、30歳《さい》の池田先生《いけだせんせい》は、新《あら》たに設《もう》けられた「総務《そうむ》」として、あらゆる面《めん》で指揮《しき》をとっていました。

学会員《がっかいいん》の中《なか》からは、次第《しだい》に〝池田総務《いけだそうむ》を第《だい》3代会長《だいかいちょう》に〟という声《こえ》が高《たか》まってきました。

最高幹部《さいこうかんぶ》たちも、くり返《かえ》しくり返《かえ》し、池田先生《いけだせんせい》に会長就任《かいちょうしゅうにん》をお願《ねが》いしました。

◎　◎　◎

そして、ついに――。

1960年5月3日。東京《とうきょう》・両国《りょうごく》にあった日大講堂《にちだいこうどう》では、大勢《おおぜい》の学会員《がっかいいん》が集《つど》い、〝その瞬間《しゅんかん》〟を待《ま》っていました。

会場内《かいじょうない》の正面《しょうめん》には、戸田先生《とだせんせい》の大《おお》きな写真《しゃしん》が、かかげられて

戸田先生《とだせんせい》の〝世界《せかい》から不幸《ふこう》をなくしたい〟という思《おも》いを受《う》け継《つ》いで、若《わか》き池田先生《いけだせんせい》は第《だい》３代会長《だいかいちょう》になりました。戸田先《とだせん》生《せい》ならどうされるかと、常《つね》に考《かんが》えて行動《こうどう》されてきたのです

います。天井《てんじょう》をふるわすような大《おお》きなはく手《しゅ》に包《つつ》まれ、池田先《いけだせん》生《せい》があいさつに立《た》ちました。

「若輩《じゃくはい》ではございますが、本日《ほんじつ》より……一歩前進《いっぽぜんしん》への指揮《しき》をとらせていただきます！」

池田先生《いけだせんせい》の力強《ちからづよ》い声《こえ》がひびきわたりました。32歳《さい》の若《わか》き第《だい》3代会長《だいかいちょう》が誕生《たんじょう》したのです。

◎　◎　◎

君《きみ》は世界《せかい》に征《ゆ》くんだ。この私《わたし》に代《か》わって――。それは、池田先生が戸田《とだ》先生《せんせい》からたくされた、「魂《たましい》のバトン」でした。

会長就任《かいちょうしゅうにん》から5カ月後《げつご》の10月2日。池田《いけだ》先生《せんせい》の姿《すがた》は、羽田空《はねだくう》港《こう》にありました。いよいよ初《はじ》めての海外指導《かいがいしどう》への出発《しゅっぱつ》です。飛《と》び立《た》つ飛行機《ひこうき》の中《なか》で、池田《いけだ》先生《せんせい》はそっと胸《むね》ポケットをおさえました。そこには、戸田《とだ》先生《せんせい》の写真《しゃしん》が大切《たいせつ》におさめられていたのです。

まずハワイに第一歩《だいいっぽ》をしるし、24日間《かん》かけて、アメリカ、カナダ、ブラジルの9都市《とし》をまわりました。現地《げんち》に暮《く》らすわずかな数《かず》の学会員《がっかいいん》たちを全力《ぜんりょく》ではげまし、海外初《かいがいはつ》の地区《ちく》や支部《しぶ》を結《けっ》成《せい》しました。

3カ月後《げつご》の61年1月28日からは、香港《ホンコン》、スリランカ（当時《とうじ》・セイロン）、インド、ミャンマー（当時《とうじ》・ビルマ）、タイ、カンボジアを初訪問《はつほうもん》。この時《とき》、香港《ホンコン》にアジアで最初《さいしょ》の地区《ちく》が誕生《たんじょう》します。

さらに10月4日からは、ヨーロッパへ。最初《さいしょ》に降《お》り立《た》ったのは、アンデルセンの生《う》まれたデンマーク。そこからドイツ（当《とう》時《じ》・西《にし》ドイツ）、オランダ、フランス、イギリス、スペイン、スイス、オーストリア、イタリアをめぐりました。

先生《せんせい》は各地《かくち》で、かけつけてきた同志《どうし》に全力《ぜんりょく》ではげましをおくりました。まだ学会員《がっかいいん》が一人《ひとり》もいない国《くに》でも、まるで大地《だいち》にしみこませるように、心《こころ》の中《なか》で題目《だいもく》を唱《とな》え続《つづ》けていました。

〝やがて、必《かなら》ずこの国《くに》にも地涌《じゆ》の菩薩《ぼさつ》が出現《しゅつげん》するようになる。また、必《かなら》ずそうさしてみせる〟。池田先生《いけだせんせい》は深《ふか》い祈《いの》りと決意《けつい》で、世界広宣流布《せかいこうせんるふ》の道《みち》を開《ひら》いていったのです。

1958年～1961年の

主《おも》なできごと

西暦《せいれき》		世《よ》の中《なか》の主《おも》なできごと	年齢《ねんれい》		池田先生《いけだせんせい》・学会《がっかい》のできごと
1958	12月1日	1万《まん》円札《さつ》が発行《はっこう》（聖徳太《しょうとくたい》子《し》像《ぞう》）	30	6月30日	総務《そうむ》に就任《しゅうにん》
1960	9月	カラーテレビの本放送《ほんほうそう》開始《かいし》	32	5月3日	第《だい》3代会長《だいかいちょう》に就任《しゅうにん》
	この年《とし》	アフリカで17カ国《こく》が独立《どくりつ》（アフリカの年《とし》）		10月2日	初《はつ》の北南米訪問《ほくなんべいほうもん》へ（アメリカ、カナダ、ブラジル）世界広布《せかいこうふ》の第一歩《だいいっぽ》をふみ出《だ》す
1961	4月3日	NHK《エヌエイチケイ》朝《あさ》の連続《れんぞく》テレビ小説《しょうせつ》が始《はじ》まる	33	1月28日	初《はつ》のアジア訪問《ほうもん》へ（香港《ホンコン》、インドなど6カ国《こく》・地域《ちいき》）
	8月13日	東《ひがし》ドイツが「ベルリンの壁《かべ》」を構築《こうちく》		10月4月	初《はつ》のヨーロッパ訪問《ほうもん》へ（デンマークなど9カ国《こく》）

1962〜1965年

未来《みらい》を生《い》きる みんなのため

1962年1月、池田先生《いけだせんせい》を乗《の》せた飛行機《ひこうき》は、羽田空港《はねだくうこう》を出発《しゅっぱつ》しました。イラン、イラク、トルコ、エジプト、パキスタンというイスラム教《きょう》の国々《くにぐに》と、ギリシャなどへの訪問《ほうもん》です。

さらにタイと香港《ホンコン》を訪問《ほうもん》し、それぞれ創価学会《そうかがっかい》の支部《しぶ》が結成《けっせい》されました。

翌《よく》63年は、アメリカからヨーロッパ、中東《ちゅうとう》、アジアと地球《ちきゅう》を一周《いっしゅう》する旅《たび》を。次《つぎ》の年《とし》も、また次《つぎ》の年《とし》も、先生《せんせい》は各国《かっこく》をかけめぐり、世界広宣流布《せかいこうせんるふ》の道《みち》を開《ひら》いていったのです。

日本国内《にほんこくない》でも、池田先生《いけだせんせい》の〝はげましの旅《たび》〟は、休《やす》みなく続《つづ》きました。あの地《ち》でも、この地《ち》でも、先生《せんせい》は人々《ひとびと》の心《こころ》に、勇気《ゆうき》と希望《きぼう》と信心《しんじん》の確信《かくしん》を届《とど》けていきました。63年12月に、学会《がっかい》は400万世帯《まんせたい》を突破《とっぱ》しました。

池田先生《いけだせんせい》は、日本《にほん》の未来《みらい》、世界《せかい》の未来《みらい》を真剣《しんけん》に考《かんが》えていました。未来《みらい》を生《い》きるのは、少年少女《しょうねんしょうじょ》たちです。30年先《ねんさき》、40年先《ねんさき》の創価学会《そうかがっかい》をになっていくのも、やはり少年少女《しょうねんしょうじょ》たちです。

そのためにも、高校生《こうこうせい》、中学生《ちゅうがくせい》、そして小学生《しょうがくせい》たちを、立派《りっぱ》に育《そだ》てていきたいと考《かんが》えました。未来《みらい》の世界《せかい》を背負《せお》っていく、大《おお》きな使命《しめい》を自覚《じかく》できる、一人一人《ひとりひとり》になってもらいたい――。

こうして、まず１９６４年６月に高等部《こうとうぶ》が結成《けっせい》され、続《つづ》いて65年１月に中等部《ちゅうとうぶ》が、９月には少年部《しょうねんぶ》（今《いま》の少年少女部《しょうねんしょうじょぶ》）が結成《けっせい》されたのです。

夏休《なつやす》み期間《きかん》に行《おこな》われる研修会《けんしゅうかい》など、さまざまな機会《きかい》に、池田《いけだ》先生《せんせい》は未来部《みらいぶ》のメンバーをはげましました。時《とき》には、懇談会《こんだんかい》の折《おり》にみんなのために先生《せんせい》自身《じしん》がスイカを切《き》ってくれるなど、まるで父《ちち》と子《こ》のような場面《ばめん》もありました。

◎ ◎ ◎

1964年12月2日。池田先生《いけだせんせい》は、沖縄《おきなわ》の小《ちい》さな会館《かいかん》の2階《かい》で、原稿用紙《げんこうようし》に向《む》かっていました。恩師《おんし》・戸田城聖先生《とだじょうせいせんせい》の生涯《しょうがい》をつづる小説《しょうせつ》『人間革命《にんげんかくめい》』を、いよいよ書《か》き始《はじ》めようとしていたのです。戸田先生《とだせんせい》の真実《しんじつ》の姿《すがた》を、自分《じぶん》が書《か》き残《のこ》しておかなけ

〝読《よ》んでくれた人《ひと》が元気《げんき》になるように！〟。池田先生《いけだせんせい》は日本中《にほんじゅう》、世界中《せかいじゅう》の友《とも》のために、心《こころ》で対話《たいわ》する思《おも》いで小説《しょうせつ》を書《か》き続《つづ》けてきました

ればならないと、先生《せんせい》はずっと考《かんが》えてこられました。

沖縄《おきなわ》は、第《だい》2次《じ》世界大戦《せかいたいせん》で約《やく》20万人《まんにん》もの人《ひと》が犠牲《ぎせい》になった場《ば》所《しょ》です。だからこそ、この沖縄《おきなわ》から平和《へいわ》と幸福《こうふく》の波《なみ》を広《ひろ》げたいという思《おも》いで、先生《せんせい》は沖縄《おきなわ》を執筆開始《しっぴつかいし》の地《ち》に決《き》めたのでした。

しばらく考《かんが》えていた池田先生《いけだせんせい》は、ペンを走《はし》らせました。

戦争《せんそう》ほど、残酷《ざんこく》なものはない。
戦争《せんそう》ほど、悲惨《ひさん》なものはない。

これが小説《しょうせつ》『人間革命《にんげんかくめい》』の書《か》き出《だ》しの文章《ぶんしょう》になりました。そして、年《とし》が明《あ》けた65年の1月1日から「聖教新聞《せいきょうしんぶん》」で連載《れんさい》が始《はじ》まったのです。

日本中《にほんじゅう》、世界中《せかいじゅう》をかけめぐる池田先生《いけだせんせい》にとって、この連載小説《れんさいしょうせつ》を書《か》き続《つづ》けることは大変《たいへん》な作業《さぎょう》でした。師匠《ししょう》と弟子《でし》の真実《しんじつ》をえがいた小説《しょうせつ》『人間革命《にんげんかくめい》』は1993年2月11日まで続《つづ》き、全《ぜん》12巻《かん》の小説《しょうせつ》になります。新聞連載《しんぶんれんさい》の回数《かいすう》は1509回《かい》になりました。

1962年～1965年の

主《おも》なできごと

西暦《せいれき》	世《よ》の中《なか》の主《おも》なできごと		年齢《ねんれい》	池田《いけだ》先生《せんせい》・学会《がっかい》のできごと	
1962	10月22日	キューバ危機《きき》が起《お》こる	34	1月	初《はつ》の中東訪問《ちゅうとうほうもん》へ（イラン、イラクなど7カ国《こく》）
1963	11月22日	アメリカ・ケネディ大《だい》統領《とうりょう》が暗殺《あんさつ》される	35	12月	学会《がっかい》が400万世帯《まんせたい》を突破《とっぱ》する
1964	10月1日	東海道新幹線《とうかいどうしんかんせん》が開業《かいぎょう》（東京《とうきょう》ー新大阪間《しんおおさかかん》を4時《じ》間《かん》で結《むす》ぶ）	36	6月7日	高等部《こうとうぶ》が結成《けっせい》される
	10月10日	第《だい》18回《かい》オリンピック東《とう》京大会《きょうたいかい》（東京《とうきょう》オリンピック）が始《はじ》まる		12月2日	小説《しょうせつ》『人間革命《にんげんかくめい》』の執筆《しっぴつ》を開始《かいし》
1965	3月10日	気象庁《きしょうちょう》が富士山気象《ふじさんきしょう》レーダーの運用《うんよう》を始《はじ》める	37	1月15日	中等部《ちゅうとうぶ》が結成《けっせい》される
	11月17日	プロ野球第《やきゅうだい》1回《かい》ドラフト会議《かいぎ》が行《おこな》われる		9月23日	少年部《しょうねんぶ》（今《いま》の少年少女部《しょうねんしょうじょぶ》）が結成《けっせい》される

1962〜1971年

牧口先生《まきぐちせんせい》、戸田先生《とだせんせい》の夢《ゆめ》を実現《じつげん》

1965年7月。それまで週《しゅう》3回《かい》の発行《はっこう》だった聖教新聞《せいきょうしんぶん》が、今《いま》のように毎日《まいにち》、発行《はっこう》されるようになりました。

以前《いぜん》は小《ちい》さな木造《もくぞう》の建物《たてもの》だった東京《とうきょう》・信濃町《しなのまち》の学会本部《がっかいほんぶ》も、63年に3階建《がいだ》ての新《あたら》しい近代建築《きんだいけんちく》に生《う》まれ変《か》わっていました。67年には、その隣《となり》に7階建《かいだ》ての創価文化会館《そうかぶんかかいかん》が落成《らくせい》します。70

年になると、聖教新聞社《せいきょうしんぶんしゃ》の7階建《かいだ》ての立派《りっぱ》な本社《ほんしゃ》ビルができあがりました。

戸田先生《とだせんせい》がまだお元気《げんき》だったころ、若《わか》き日《ひ》の池田先生《いけだせんせい》と二人《ふたり》で、広宣流布《こうせんるふ》の未来《みらい》について、何度《なんど》も語《かた》り合《あ》っていました。

それは、ただ宗教《しゅうきょう》を弘《ひろ》めるということだけではありません。豊《ゆた》かな大地《だいち》から、豊《ゆた》かに草木《そうもく》が生《お》い茂《しげ》るように、仏法《ぶっぽう》という大《だい》地《ち》から、全人類《ぜんじんるい》のための、平和《へいわ》・文化《ぶんか》・教育《きょういく》という大樹《たいじゅ》の森《もり》が育《そだ》ち、色《いろ》とりどりの美《うつく》しい花々《はなばな》が開《ひら》いていくこと。地球上《ちきゅうじょう》のすべての人々《ひとびと》の幸福《こうふく》のために、平和《へいわ》・文化《ぶんか》・教育《きょういく》の道《みち》を開《ひら》いていくことが、創価学会《そうかがっかい》の運動《うんどう》なのだと、戸田先生《とだせんせい》は考《かんが》えていたのです。

◎　◎　◎

第《だい》3代《だい》会長《かいちょう》になった池田先生《いけだせんせい》は、世界《せかい》の国々《くにぐに》を回《まわ》りながら、恩師《おんし》が思《おも》いえがいていたこの構想《こうそう》を、いかに実現《じつげん》していくか、真剣《しんけん》に考《かんが》え続《つづ》けていました。それぞれの国《くに》で、宗教《しゅうきょう》もさまざまであり、音楽《おんがく》やおどりなどもちがいます。世界《せかい》の人々《ひとびと》が尊敬《そんけい》し合《あ》い、友情《ゆうじょう》を結《むす》んでいくためには、おたがいの考《かんが》え方《かた》や、音《おん》楽《がく》、おどりなどの文化《ぶんか》を、知《し》っていくことが大切《たいせつ》です。

池田先生《いけだせんせい》は、まず1962年に、宗教《しゅうきょう》を研究《けんきゅう》していくための東洋学術研究所《とうようがくじゅつけんきゅうじょ》（今《いま》の東洋哲学研究所《とうようてつがくけんきゅうじょ》）を創立《そうりつ》しました。

さらに63年には、民主音楽協会《みんしゅおんがくきょうかい》（民音《みんおん》）を創立《そうりつ》します。庶民《しょみん》がだれでも、世界《せかい》の一流《いちりゅう》のオーケストラやオペラなどにふれることができるようにしたいと、池田先生《いけだせんせい》は考《かんが》えていたのです。

64年には、民衆《みんしゅう》がもっともっと政治《せいじ》の主人公《しゅじんこう》になって、平和《へいわ》な社会《しゃかい》をつくっていくために、池田先生《いけだせんせい》が創立者《そうりつしゃ》となって公明党《こうめいとう》が結党《けっとう》されます。

1967年秋《あき》、東京《とうきょう》・小平《こだいら》の緑豊《みどりゆた》かな場所《ばしょ》に、池田先生《いけだせんせい》は創価学園《そうかがくえん》（創価中学校《そうかちゅうがっこう》・高等学校《こうとうがっこう》）を創立《そうりつ》しました。翌《よく》68年4月に第《だい》1回《かい》の入学式《にゅうがくしき》をむかえます。

牧口先生《まきぐちせんせい》の「創価教育学《そうかきょういくがく》」を実践《じっせん》する学校《がっこう》をつくること。それは、牧口先生《まきぐちせんせい》と戸田先生《とだせんせい》の夢《ゆめ》でした。今《いま》では、ようち園《えん》から大学院《だいがくいん》まで、世界《せかい》に広《ひろ》がる創価教育《そうかきょういく》が、ここから始《はじ》まったのでした。

第《だい》3代会長就任《だいかいちょうしゅうにん》から10年となる1970年に、学会《がっかい》はついに750万世帯《まんせたい》に発展《はってん》します。

そして満開《まんかい》の桜《さくら》が咲《さ》きほこる、71年4月2日。かなたに富士《ふじ》山《さん》が見《み》える東京《とうきょう》・八王子《はちおうじ》の丘《おか》に、創価大学《そうかだいがく》が開学《かいがく》しました。今《いま》、正門《せいもん》には、牧口先生《まきぐちせんせい》が未来《みらい》を夢見《ゆめみ》て書《か》き残《のこ》していた「創價《そうか》大學《だいがく》」の文字《もじ》が、かがやいています。

一人一人《ひとりひとり》の庶民《しょみん》を抱《だ》きかかえるようにはげましながら、池田《いけだ》先生《せんせい》は、すさまじい勢《いきお》いで学会《がっかい》を発展《はってん》させました。同時《どうじ》に、恩《おん》師《し》の構想《こうそう》であった平和《へいわ》・文化《ぶんか》・教育《きょういく》の基盤《きばん》を、次々《つぎつぎ》に築《きず》いていったのです。

1962年～1971年の

主《おも》なできごと

西暦《せいれき》		世《よ》の中《なか》の主《おも》なできごと	年齢《ねんれい》		池田先生《いけだせんせい》・学会《がっかい》のできごと
1962	9月29日	国産初《こくさんはつ》の電子複写機《でんしふくしゃき》（コピー機《き》）が登場《とうじょう》	34	1月27日	東洋学術研究所《とうようがくじゅつけんきゅうじょ》（今《いま》の東洋哲学研究所《とうようてつがくけんきゅうじょ》）を創立《そうりつ》
1963	11月22日	アメリカ・ケネディ大《だい》統領《とうりょう》が暗殺《あんさつ》される	35	10月18日	民主音楽協会《みんしゅおんがくきょうかい》（民音《みんおん》）を創立《そうりつ》
1964	10月10日	第《だい》18回《かい》オリンピック東《とう》京大会《きょうたいかい》が始《はじ》まる	36	11月17日	公明党《こうめいとう》を結党《けっとう》
1965	4月	高校進学率《こうこうしんがくりつ》が平均《へいきん》70%をこえる	37	1月1日	聖教新聞《せいきょうしんぶん》で小説《しょうせつ》『人間革命《にんげんかくめい》』の連載《れんさい》が始《はじ》まる
				7月15日	聖教新聞《せいきょうしんぶん》が日刊化《にっかんか》（8ページ建《だ》て）
				9月23日	少年部《しょうねんぶ》（今《いま》の少年少女部《しょうねんしょうじょぶ》）が結成《けっせい》
1967	11月	国内《こくない》のカラーテレビ普《ふ》及台数《きゅうだいすう》が100万台《まんだい》を突破《とっぱ》	39	11月18日	創価学園《そうかがくえん》を創立《そうりつ》（東京《とうきょう》・小平市《こだいらし》）
1971	11月24日	政府《せいふ》、非核三原則《ひかくさんげんそく》（核《かく》兵器《へいき》を持《も》たない、作《つく》らない、持《も》ちこませない）を決議《けつぎ》	43	4月2日	創価大学《そうかだいがく》を開学《かいがく》（東京《とうきょう》・八王子市《はちおうじし》）

1967〜1974年

平和《へいわ》を願《ねが》い　対話《たいわ》で世界《せかい》を結《むす》ぶ

国《くに》も、肌《はだ》の色《いろ》も、言葉《ことば》や文化《ぶんか》もこえて、友情《ゆうじょう》を結《むす》んでいくこと。それは、人《ひと》と会《あ》い、語《かた》り合《あ》うことから始《はじ》まります。

1972年5月。

池田先生《いけだせんせい》は、木々《きぎ》の緑《みどり》が美《うつく》しい、イギリスの首都《しゅと》ロンドンに到着《とうちゃく》しました。実《じつ》は2年半前《ねんはんまえ》の69年秋《あき》、先生《せんせい》のもとに、イギリスから1通《つう》の手紙《てがみ》が届《とど》いていたのです。手紙《てがみ》は、世界的《せかいてき》な歴史《れきし》学者《がくしゃ》だったアーノルド・J《ジェイ》・トインビー博士からでした。

「人類《じんるい》が直面《ちょくめん》しているさまざまな問題《もんだい》について、あなたと語《かた》り合《あ》いたいのです」

博士は80歳《さい》を過《す》ぎていたため、池田先生《いけだせんせい》の方《ほう》からロンドンの博士の自宅《じたく》を訪《たず》ねることにしたのです。

トインビー博士と池田先生《いけだせんせい》との対話《たいわ》は、72年の5月、翌《よく》73年の5月と、全部《ぜんぶ》で40時間《じかん》におよびました。

どうすれば、人類《じんるい》はさまざまな問題《もんだい》を乗《の》りこえて、生《い》きのびていけるのか――。先生《せんせい》との真剣《しんけん》な対話《たいわ》の中《なか》で、博士は先生《せんせい》の語《かた》る仏法《ぶっぽう》の英知《えいち》に、希望《きぼう》を見《み》いだしていきます。

◎　◎　◎

博士は先生《せんせい》に言《い》いました。

「あなたはきっと、私《わたし》よりも多《おお》くの大学《だいがく》から名誉学術称号《めいよがくじゅつしょうごう》を受《う》けることになるでしょう。これからも、こうした対話《たいわ》を世界《せかい》中《じゅう》でおこなってください」

そして、自分《じぶん》の友人《ゆうじん》である世界《せかい》の知性《ちせい》の名前《なまえ》を書《か》いたメモを、先生《せんせい》にたくしました。

出版《しゅっぱん》された二人《ふたり》の対談集《たいだんしゅう》『21世紀《せいき》への対話《たいわ》』は、やがて30近《ちか》い言語《げんご》に翻訳《ほんやく》され、世界《せかい》のリーダーたちに、今《いま》も広《ひろ》く読《よ》まれています。

◎　◎　◎

1974年5月。池田先生《いけだせんせい》は初《はじ》めて中国《ちゅうごく》を訪問《ほうもん》しました。各《かく》地《ち》を回《まわ》り、学校《がっこう》や工場《こうじょう》で多《おお》くの人々《ひとびと》とふれ合《あ》い、国家《こっか》のリーダ

―とも語《かた》り合《あ》いました。

実《じつ》はこのころ、中国《ちゅうごく》はソ連《れん》（当時《とうじ》はソビエト連邦《れんぽう》＝今《いま》のロシアなどをふくむ社会主義《しゃかいしゅぎ》の国《くに》。1991年に解体《かいたい》）と、はげしい対立《たいりつ》を続《つづ》けていました。また、当時《とうじ》は日本《にほん》の多《おお》くの人《ひと》が、ソ連《れん》をこわい国《くに》だと感《かん》じていました。

9月。先生《せんせい》はそのソ連《れん》を初訪問《はつほうもん》します。〝なぜソ連《れん》なんかに行《い》くのだ〟と批判《ひはん》をする人《ひと》に、先生《せんせい》は答《こた》えました。「同《おな》じ人間《にんげん》ではありませんか。そこに人間《にんげん》がいるから行《い》くのです」と。

先生《せんせい》と会見《かいけん》したソ連《れん》のコスイギン首相《しゅしょう》は〝ソ連《れん》から中国《ちゅうごく》を攻《せ》めるつもりはない〟と語《かた》りました。

3カ月後《げつご》の12月。先生《せんせい》は再《ふたた》び、中国《ちゅうごく》を訪《おとず》れます。コスイギン首相《しゅしょう》の言葉《ことば》は、先生《せんせい》から中国《ちゅうごく》の首脳《しゅのう》に伝《つた》えられました。

そして訪問最終日《ほうもんさいしゅうび》の夜《よる》、先生《せんせい》ご夫妻《ふさい》は、ある場所《ばしょ》に案内《あんない》されます。待《ま》っていたのは、周恩来総理《しゅうおんらいそうり》でした。そこは周総理《しゅうそうり》が入院《にゅういん》していた病院《びょういん》だったのです。

どうしても池田先生《いけだせんせい》には会《あ》わねばならない――。医師《いし》たちの反対《はんたい》を押《お》し切《き》って、周総理《しゅうそうり》は先生《せんせい》と会見《かいけん》しました。先生《せんせい》が日中《にっちゅう》友好《ゆうこう》に尽《つ》くしてきたことを、一番《いちばん》よく知《し》っていたのです。

周総理《しゅうそうり》は、日本《にほん》と中国《ちゅうごく》の平和《へいわ》と友好《ゆうこう》の道《みち》を、若《わか》い池田先生《いけだせんせい》にたくしたのでした。

1967年～1974年の主《おも》なできごと

西暦《せいれき》	世《よ》の中《なか》の主《おも》なできごと		年齢《ねんれい》	池田先生《いけだせんせい》・学会《がっかい》のできごと	
1967	7月	「リカちゃん人形《にんぎょう》」が発売《はつばい》	39	10月30日	クーデンホーフ＝カレルギー伯爵《はくしゃく》と対談《たいだん》　世界《せかい》の知性《ちせい》との対話《たいわ》の始《はじ》まり
1972	9月29日	日中共同声明調印《にっちゅうきょうどうせいめいちょういん》。中国《ちゅうごく》との国交《こっこう》を正常化《せいじょうか》	44	5月5日	トインビー博士との対談《たいだん》を開始《かいし》（～9日まで）
1973	11月	石油《せきゆ》ショック（石油価格《せきゆかかく》の値上《ねあ》げ）が起《お》こる	45	4月2日	創価女子中学《そうかじょしちゅうがく》・高校《こうこう》（今《いま》の関西創価中学《かんさいそうかちゅうがく》・高校《こうこう》）が開校《かいこう》
	この年《とし》	「省《しょう》エネ」が流行語《りゅうこうご》に		5月15日	トインビー博士と2回目《かいめ》の対談《たいだん》（～19日まで）
1974	5月15日	コンビニエンスストアの「セブン－イレブン」第《だい》1号店《ごうてん》が東京都江東区《とうきょうとこうとうく》にオープン	46	5月30日	中国《ちゅうごく》を初訪問《はつほうもん》
				9月8日	ソ連《れん》（当時《とうじ》）を初訪問《はつほうもん》 17日にコスイギン首相《しゅしょう》と会見《かいけん》
	8月29日	「ベルサイユのばら」が初演《しょえん》され大《だい》ヒットとなる			
	11月1日	気象庁《きしょうちょう》の「アメダス」が運用開始《うんようかいし》に		12月5日	2回目《かいめ》の中国訪問《ちゅうごくほうもん》で周恩来総理《しゅうおんらいそうり》と会見《かいけん》

1975～1979年

何《なに》があっても学会員《がっかいいん》を守《まも》る

中国《ちゅうごく》の周恩来総理《しゅうおんらいそうり》との会見《かいけん》から1カ月後《げつご》の1975年1月。池田先生《いけだせんせい》の姿《すがた》は、アメリカ・ニューヨークの国連本部《こくれんほんぶ》にありました。

国連《こくれん》は、世界各国《せかいかっこく》の代表《だいひょう》が話《はな》し合《あ》う〝人類《じんるい》の議会《ぎかい》〟です。国《こく》連事務総長《れんじむそうちょう》と会見《かいけん》した池田先生《いけだせんせい》は、核兵器《かくへいき》をなくすことを求《もと》める1千万人《せんまんにん》の署名《しょめい》を手渡《てわた》しました。

首都《しゅと》のワシントンDC《ディーシー》では、キッシンジャー国務長官《こくむちょうかん》と会見《かいけん》します。どうすれば世界《せかい》が平和《へいわ》の方向《ほうこう》に進《すす》めるのか、真剣《しんけん》に話《はな》し合《あ》いました。以来《いらい》、先生《せんせい》とキッシンジャー氏《し》は8度《ど》の出会《であ》いを重《かさ》ね、対談集《たいだんしゅう》も出版《しゅっぱん》しています。

先生《せんせい》は真冬《まふゆ》の北米大陸《ほくべいたいりく》からハワイにわたり、そこから今度《こんど》は太平洋《たいへいよう》に浮《う》かぶ熱帯《ねったい》の島《しま》グアムへ。

1月26日。このグアムで先生《せんせい》のもとに51カ国《こく》・地域《ちいき》の学会《がっかい》の代表《だいひょう》が集《つど》い、創価学会《そうかがっかい》インタナショナル（SGI《エスジーアイ》）が結成《けっせい》され、みなの希望《きぼう》で池田先生《いけだせんせい》がSGI会長《エスジーアイかいちょう》に就任《しゅうにん》しました。今《いま》では1

92カ国《こく》・地域《ちいき》に広《ひろ》がったSGI《エスジーアイ》は、先生《せんせい》の世界平和《せかいへいわ》への〝対話《たいわ》〟と〝行動《こうどう》〟のまっただ中《なか》で誕生《たんじょう》したのです。

◎　◎　◎

人類《じんるい》の幸福《こうふく》と平和《へいわ》のため、挑戦《ちょうせん》を続《つづ》ける池田先生《いけだせんせい》に対《たい》し、そのゆくてをさえぎるように、障魔《しょうま》が大《おお》きく牙《きば》をむいてきました。日蓮大聖人《にちれんだいしょうにん》の精神《せいしん》と行動《こうどう》を受《う》けついだのが、弟子《でし》の日興上人《にっこうしょうにん》でした。この日興上人《にっこうしょうにん》を開祖《かいそ》とする宗門《しゅうもん》の総本山《そうほんざん》・大石寺《たいせきじ》では、第《だい》2次世界大戦《じせかいたいせん》の後《あと》、参詣《さんけい》する人《ひと》が少《すく》なくなっていました。宗門《しゅうもん》は、滅《ほろ》びかかっていたのです。

そこで戸田先生《とだせんせい》も池田先生《いけだせんせい》も、宗門《しゅうもん》が日蓮大聖人《にちれんだいしょうにん》の正《ただ》しい教《おし》えを受《う》けつぎ、復興《ふっこう》することを願《ねが》って、守《まも》り続《つづ》けてきました。学会《がっかい》は何百《なんびゃく》もの寺《てら》を建《た》て、大石寺《たいせきじ》にも土地《とち》や世界的《せかいてき》な建築物《けんちくぶつ》を供養《くよう》し、真心《まごころ》をつくしぬいてきたのです。

ところが学会《がっかい》に感謝《かんしゃ》するどころか、学会員《がっかいいん》を見下《みくだ》す僧《そう》たちが現《あらわ》れるようになりました。さらに、学会《がっかい》を思《おも》い通《どお》りにあやつろうとたくらむ悪《わる》い弁護士《べんごし》が、池田先生《いけだせんせい》を攻撃《こうげき》するデマ（うそ）をマスコミに流《なが》したり、恩知《おんし》らずの僧《そう》たちを陰《かげ》であおりたてたりしていったのです。

全国各地《ぜんこくかくち》の寺《てら》で、こうした僧《そう》たちが、デマ情報《じょうほう》をつかって学《がっ》会《かい》と先生《せんせい》の悪口《わるくち》をさけび、学会員《がっかいいん》をいじめました。彼《かれ》らのねらいは、学会《がっかい》の会長《かいちょう》であった池田先生《いけだせんせい》と学会員《がっかいいん》の〝師弟《してい》のきずな〟を分断《ぶんだん》することでした。学会《がっかい》を支配《しはい》しようとする僧《そう》たちの攻撃《こうげき》は、ますます激《はげ》しくなっていきました。

〝ならば私《わたし》が一身《いっしん》に難《なん》を受《う》け、大切《たいせつ》な学会《がっかい》の同志《どうし》を守《まも》ろう〟。

そう考《かんが》えた池田先生《いけだせんせい》は、1979年4月24日、第《だい》3代会長《だいかいちょう》を辞任《じにん》し、名誉会長《めいよかいちょう》となったのです。

「正義《せいぎ》」は創価《そうか》の師弟《してい》にあります。

5月5日、目《め》の前《まえ》に海《うみ》が広《ひろ》がる神奈川文化会館《かながわぶんかかいかん》で、先生《せんせい》は大《おお》きな筆《ふで》に墨《すみ》をふくませると、力強《ちからづよ》く「正義《せいぎ》」と書《か》きとどめました。そして海《うみ》を見《み》つめながら、師子王《ししおう》の心《こころ》を燃《も》やして決意《けつい》していました。

「私《わたし》は戸田先生《とだせんせい》の弟子《でし》だ。絶対《ぜったい》に負《ま》けない！　今度《こんど》はいよいよSGI会長《エスジーアイかいちょう》として、世界《せかい》の広宣流布《こうせんるふ》の指揮《しき》をとっていこう！」

「永遠《えいえん》に変《か》わらない創価《そうか》の魂《たましい》を、後継《こうけい》の弟子《でし》たちに形《かたち》として残《のこ》そう！」。
その思《おも》いを筆《ふで》にこめて、池田先生《いけだせんせい》は「正義《せいぎ》」の文字《もじ》を書《か》きました

1975年～1979年の 主《おも》なできごと

西暦《せいれき》		世《よ》の中《なか》の主《おも》なできごと	年齢《ねんれい》		池田《いけだ》先生《せんせい》・学会《がっかい》のできごと
1975	3月10日	山陽新幹線《さんようしんかんせん》（岡山《おかやま》－博多《はかた》間《かん》）が開業《かいぎょう》	47	1月10日	核兵器廃絶《かくへいきはいぜつ》を求《もと》める１千万《せんまん》人《にん》の署名《しょめい》を国連《こくれん》に提出《ていしゅつ》
	4月5日	「秘密戦隊《ひみつせんたい》ゴレンジャー」放送開始《ほうそうかいし》 スーパー戦隊《せんたい》シリーズのスタート		1月26日	創価学会《そうかがっかい》インタナショナル（ＳＧＩ《エスジーアイ》）が発足《ほっそく》
				5月27日	モスクワ大学《だいがく》から名誉《めいよ》博士号《ごう》が贈《おく》られる 初《はつ》の名誉学術称号《めいよがくじゅつしょうごう》
1976	4月	学校給食《がっこうきゅうしょく》の主食《しゅしょく》に「米飯《べいはん》（ご飯《はん》）」が登場《とうじょう》	48	4月1日	札幌創価幼稚園《さっぽろそうかようちえん》が開園《かいえん》
	この年《とし》	戦後《せんご》生《う》まれが日本《にほん》の総《そう》人口《じんこう》の半分《はんぶん》をこえる		7月18日	「人間革命《にんげんかくめい》の歌《うた》」を発表《はっぴょう》
1978	5月20日	成田国際空港《なりたこくさいくうこう》が開港《かいこう》	50	4月1日	東京創価小学校《とうきょうそうかしょうがっこう》が開校《かいこう》
1979	7月	「うまい棒《ぼう》」発売《はつばい》	51	4月24日	第《だい》３代会長《だいかいちょう》を辞任《じにん》し、名誉会長《めいよかいちょう》に就任《しゅうにん》
	10月26日	人気《にんき》ドラマ「３年Ｂ組《ねんビーぐみ》金八先生《きんぱちせんせい》」放送開始《ほうそうかいし》		5月5日	神奈川文化会館《かながわぶんかかいかん》で毛筆《もうひつ》で「正義《せいぎ》」と書《か》く

1980〜1984年

〝詩の力《ちから》〟で みんなに勇気《ゆうき》を

苦労《くろう》をしながら学会《がっかい》の発展《はってん》につくしてきた人《ひと》たち。名誉会長《めいよかいちょう》になった池田先生《いけだせんせい》は、そうした功労者《こうろうしゃ》の家《いえ》を、一軒《いっけん》また一軒《いっけん》と訪《たず》ね、はげましました。

このころ、学会《がっかい》を攻撃《こうげき》していた僧《そう》と反逆者《はんぎゃくしゃ》たちのたくらみによって、先生《せんせい》は自由《じゆう》に会合《かいごう》で指導《しどう》したり、「聖教新聞《せいきょうしんぶん》」に登場《とうじょう》したりすることもできませんでした。

1980年1月、四国《しこく》の同志《どうし》たちは〝それならば自分《じぶん》たちから先生《せんせい》のもとに集《つど》おう〟と、大《おお》きな船《ふね》に乗《の》って横浜港《よこはまこう》に来《き》ました。

「よく来《き》たね！」

池田先生《いけだせんせい》は寒風《かんぷう》の中《なか》、四国《しこく》の同志《どうし》たちを出迎《でむか》え、神奈川文化会館《かながわぶんかかいかん》でいっしょに勤行《ごんぎょう》をしました。

邪悪《じゃあく》な人間《にんげん》たちがどんなに攻撃《こうげき》しても、先生《せんせい》と学会員《がっかいいん》の「師弟《してい》のきずな」をこわすことはできなかったのです。

翌《よく》81年、先生《せんせい》は61日間《にちかん》かけて地球《ちきゅう》を一周《いっしゅう》し、各国《かっこく》のメンバーをはげましました。フランスでもアメリカでも、先生《せんせい》は長編詩《ちょうへんし》をつづって青年《せいねん》たちにおくりました。

◎　◎　◎

その年《とし》の秋《あき》、今度《こんど》は池田先生《いけだせんせい》が四国《しこく》を訪問《ほうもん》します。

「もう一度《いちど》、私《わたし》が指揮《しき》をとらせていただきます！」

黒《くろ》い雲《くも》をふきはらうような先生《せんせい》の師子吼《ししく》に、みんなの喜《よろこ》びの拍手《はくしゅ》が大《おお》きく鳴《な》りひびきました。

先生《せんせい》は連日《れんじつ》、会合《かいごう》の合間《あいま》を見《み》ては、四国《しこく》の青年《せいねん》たちといっしよに歌詞《かし》を考《かんが》え、全学会員《ぜんがっかいいん》が勇気《ゆうき》をふるい立《た》たせるような歌《うた》を作《つく》りました。こうして誕生《たんじょう》したのが「紅《くれない》の歌《うた》」です。

さらに12月には、九州《きゅうしゅう》の大分《おおいた》を訪《おとず》れました。新《あたら》しい〝正義《せいぎ》の詩《うた》〟を作《つく》りたいという青年《せいねん》たちの決意《けつい》に、先生《せんせい》は「よし、やろう！」と言《い》いました。たちまち、先生《せんせい》の口《くち》から詩《し》の言葉《ことば》が出《で》てきます。青年《せいねん》たちが夢中《むちゅう》でメモしました。

その夜《よる》、発表《はっぴょう》された「青年《せいねん》よ 21世紀《せいき》の広布《こうふ》の山《やま》を登《のぼ》れ」と題《だい》された長編詩《ちょうへんし》は、全国《ぜんこく》、全世界《ぜんせかい》の創価《そうか》の青年《せいねん》たちの心《こころ》に、勇気《ゆうき》の炎《ほのお》を燃《も》え上《あ》がらせたのです。

詩《し》を通《とお》して、正義《せいぎ》の戦《たたか》いを起《お》こした池田先生《いけだせんせい》に対《たい》し、この年《とし》、世界芸術文化《せかいげいじゅつぶんか》アカデミーから「桂冠詩人《けいかんしじん》」の称号《しょうごう》がおくられました。

◎　◎　◎

青年《せいねん》と共《とも》に、池田先生《いけだせんせい》はSGI会長《エスジーアイかいちょう》として、世界《せかい》を舞台《ぶたい》に平和《へいわ》への闘争《とうそう》を開始《かいし》していきました。

1982年6月。先生《せんせい》の提案《ていあん》により、ニューヨークの国連本部《こくれんほんぶ》で核兵器《かくへいき》の恐《おそ》ろしさを伝《つた》える展示《てんじ》が開《ひら》かれます。国連《こくれん》の軍縮特別総会《ぐんしゅくとくべつそうかい》に集《あつ》まっていた世界《せかい》のリーダーたちや記者《きしゃ》たちが、真《しん》剣《けん》なまなざしで見学《けんがく》しました。

83年1月には、1・26「SGI《エスジーアイ》の日《ひ》」を記念《きねん》して、世界平和《せかいへいわ》のための具体的《ぐたいてき》な取《と》り組《く》みを、「提言《ていげん》」として世界《せかい》に発表《はっぴょう》します。先生《せんせい》と各国《かっこく》の大統領《だいとうりょう》や首相《しゅしょう》、文化人《ぶんかじん》たちとの会見《かいけん》も増《ふ》えていきました。

84年2月。はじけるようなサンバの陽気《ようき》なリズムの中《なか》、池田《いけだ》先生《せんせい》を迎《むか》えて、第《だい》1回《かい》ブラジル大文化祭《だいぶんかさい》が開《かい》さいされました。障魔《しょうま》を打《う》ち破《やぶ》り、世界平和《せかいへいわ》を目指《めざ》す創価《そうか》の師弟《してい》の熱《ねつ》と力《ちから》は、地球《ちきゅう》を包《つつ》み始《はじ》めていたのです。

1980年～1984年の 主《おも》なできごと

西暦《せいれき》	世《よ》の中《なか》の主《おも》なできごと		年齢《ねんれい》	池田先生《いけだせんせい》・学会《がっかい》のできごと	
1980	4月25日	日本《にほん》、オリンピック・モスクワ大会《たいかい》に不参加《ふさんか》を発表《はっぴょう》	52	1月	四国《しこく》の同志《どうし》が船《ふね》で横浜港《よこはまこう》にやってくる
1981	3月2日	中国残留日本人孤児《ちゅうごくざんりゅうにほんじんこじ》（敗戦《はいせん》で中国《ちゅうごく》に残《のこ》された日本人《にほんじん》の子《こ》どもたち）が初来日《はつらいにち》	53	7月1日	世界芸術文化《せかいげいじゅつぶんか》アカデミーから「桂冠詩人《けいかんしじん》」称号《しょうごう》
	4月12日	アメリカが初《はつ》のスペースシャトル打《う》ち上《あ》げに成功《せいこう》		11月	四国《しこく》で「紅《くれない》の歌《うた》」を発表《はっぴょう》
	11月13日	沖縄《おきなわ》で新種《しんしゅ》の鳥《とり》「ヤンバルクイナ」が見《み》つかる		12月	大分《おおいた》で「青年《せいねん》よ 21世紀《せいき》の広布《こうふ》の山《やま》を登《のぼ》れ」を発表《はっぴょう》
1982	6月23日	東北新幹線《とうほくしんかんせん》が開業《かいぎょう》（大宮《おおみや》－盛岡《もりおか》）。11月には上越新幹線《じょうえつしんかんせん》が開業《かいぎょう》（大宮《おおみや》－新潟《にいがた》）	54	4月1日	関西創価小学校《かんさいそうかしょうがっこう》が開校《かいこう》
	12月4日	映画《えいが》「E《イー》．T《ティー》．」が公開《こうかい》。大《だい》ヒットとなる		6月3日	国連本部《こくれんほんぶ》で「現代世界《げんだいせかい》の核《かく》の脅威《きょうい》」展《てん》を開催《かいさい》
1983	4月15日	東京《とうきょう》ディズニーランドが開園《かいえん》	55	1月25日	1・26「SGI《エスジーアイ》の日《ひ》」記念提言《きねんていげん》を発表《はっぴょう》（その後《ご》、毎年発表《まいとしはっぴょう》）
1984	11月	動物園《どうぶつえん》でコアラが初公開《はつこうかい》。コアラブームが起《お》こる	56	2月	ブラジル大文化《だいぶんか》祭《さい》に出席《しゅっせき》

1985～1990年

友情《ゆうじょう》と信頼《しんらい》を広《ひろ》げる語《かた》らい

戸田城聖先生《とだじょうせいせんせい》が亡《な》くなる半年《はんとし》ほど前《まえ》、インドのネルー首相《しゅしょう》が日本《にほん》を訪《おとず》れました。インドの独立《どくりつ》のために戦《たたか》ったリーダーです。

戸田先生《とだせんせい》は「一度《いちど》、会《あ》って話《はな》してみたいものだ」と言《い》い、若《わか》き池田先生《いけだせんせい》に「どんどん一流《いちりゅう》の人《ひと》に会《あ》っていけ」と語《かた》りました。

１９８５年11月。東京《とうきょう》・港区《みなとく》にある迎賓館《げいひんかん》（海外《かいがい》の大事《だいじ》なお客《きゃく》さまを迎《むか》える建物《たてもの》）の広間《ひろま》に、明《あか》るい声《こえ》がひびきました。笑顔《えがお》で語《かた》り合《あ》っていたのは、池田先生《いけだせんせい》と、インドのラジブ・ガンジー首相《しゅしょう》です。首相《しゅしょう》は、あのネルー首相《しゅしょう》の孫《まご》でした。

この日《ひ》の出会《であ》い以来《いらい》、先生《せんせい》はガンジー首相《しゅしょう》の夫人《ふじん》や子《こ》どもたちとも、家族《かぞく》ぐるみで大切《たいせつ》に友情《ゆうじょう》をはぐくんでいきます。

何《なに》よりも世界平和《せかいへいわ》のため、それぞれの国《くに》の創価学会《そうかがっかい》のメンバーたちが社会《しゃかい》から信頼《しんらい》され、誇《ほこ》りをもって活動《かつどう》できるようにするため、先生《せんせい》はこうした世界《せかい》の指導者《しどうしゃ》たちとの対話《たいわ》にも、力《ちから》を注《そそ》ぎました。

86年には、アルゼンチンやメキシコの大統領《だいとうりょう》、87年には、ドミニカ共和国《きょうわこく》、パナマの大統領《だいとうりょう》、ソ連《れん》（当時《とうじ》）、フランスの首相《しゅしょう》、ポーランドの国家評議会議長《こっかひょうぎかいぎちょう》らと会見《かいけん》。

88年になると、タイの国王《こくおう》、マレーシアやシンガポールの首相《しゅしょう》、ベネズエラの大統領《だいとうりょう》とも会見《かいけん》します。各国《かっこく》の最高峰《さいこうほう》の大学《だいがく》の学長《がくちょう》、ノーベル賞受賞者《しょうじゅしょうしゃ》らとも対話《たいわ》を重《かさ》ねました。

89年には、ケニアの大統領《だいとうりょう》、タイの王女《おうじょ》、中国《ちゅうごく》の首相《しゅしょう》、イギリスの王女《おうじょ》や首相《しゅしょう》、スウェーデンの国王《こくおう》、首相《しゅしょう》、フランス、ウルグアイ、コロンビアの大統領《だいとうりょう》と会見《かいけん》。さらに、ヨーロッパ最高峰《さいこうほう》の英知《えいち》の殿堂《でんどう》である、フランス学士院《がくしいん》でも講演《こうえん》をしました。

◎　◎　◎

そして90年7月。ソ連《れん》のモスクワにあるクレムリン宮殿《きゅうでん》で、池田先生《いけだせんせい》とミハイル・ゴルバチョフ大統領《だいとうりょう》が握手《あくしゅ》を交《か》わしました。

「火花《ひばな》を散《ち》らしながら、何《なん》でも率直《そっちょく》に語《かた》り合《あ》いましょう。人《じん》類《るい》のため、日《にっ》ソのために！」

先生《せんせい》の言葉《ことば》に、大統領《だいとうりょう》も満面《まんめん》の笑顔《えがお》で答《こた》えました。

「会長《かいちょう》とは、昔《むかし》からの友人同士《ゆうじんどうし》のような気《き》がします」

1時間《じかん》をこえる会談《かいだん》の中《なか》で、ゴルバチョフ大統領《だいとうりょう》は〝来年《らいねん》の春《はる》に日本《にほん》を訪《おとず》れたい〟と語《かた》りました。

先生《せんせい》との会見《かいけん》で、ソ連《れん》の最高指導者《さいこうしどうしゃ》の史上初《しじょうはじ》めての日本訪問《にほんほうもん》が決《き》まったのです。その日《ひ》のNHK《エヌエイチケイ》ニュースもトップで報道《ほうどう》しました。

10月。聖教新聞社《せいきょうしんぶんしゃ》の玄関前《げんかんまえ》に、南《みなみ》アフリカのネルソン・マン

ゴルバチョフ氏《し》が大統領《だいとうりょう》をしりぞいた後《あと》も、池田先生《いけだせんせい》は変《か》わらず交流《こうりゅう》を続《つづ》け、友情《ゆうじょう》を深《ふか》めていったのです

デラ氏《し》が到着《とうちゃく》しました。28年もの間《あいだ》、牢《ろう》の中《なか》で人種差別《じんしゅさべつ》と戦《たたか》ってきた人権闘争《じんけんとうそう》の勇者《ゆうしゃ》です。

500人《にん》の青年《せいねん》といっしょに出迎《でむか》えた池田先生《いけだせんせい》に、マンデラ氏《し》は笑顔《えがお》で語《かた》りました。

「ぜひ、お会《あ》いしなければならないと思《おも》っていました」

のちにネルソン・マンデラ氏《し》は南《みなみ》アフリカ初《はつ》の、黒人《こくじん》の大統領《だいとうりょう》になったのでした。

1985年〜1990年の 主《おも》なできごと

西暦《せいれき》	世《よ》の中《なか》の主《おも》なできごと		年齢《ねんれい》	池田《いけだ》先生《せんせい》・学会《がっかい》のできごと	
1985	1月	新両国国技館《しんりょうごくこくぎかん》が落成《らくせい》	57	4月2日	創価女子短期大学《そうかじょしたんきだいがく》が開学《かいがく》
1986	5月27日	ファミコンソフト「ドラゴンクエスト」が発売《はつばい》	58	9月10日	ケニア口承文学協会《こうしょうぶんがくきょうかい》から初《はつ》の「ケニア口承文学賞《こうしょうぶんがくしょう》」を受賞《じゅしょう》
1987	4月1日	鉄道会社《てつどうがいしゃ》「ＪＲ《ジェイアール》」6社《しゃ》が全国《ぜんこく》に発足《ほっそく》	59	5月25日	ソ連《れん》・モスクワで開《ひら》かれた「核兵器《かくへいき》──現代世界《げんだいせかい》の脅威《きょうい》」展《てん》の開幕式《かいまくしき》に出席《しゅっせき》
1988	3月13日	青森《あおもり》と北海道《ほっかいどう》を結《むす》ぶ青函《せいかん》トンネルが開通《かいつう》 当時《とうじ》、世界最長《せかいさいちょう》（53.85km）の鉄道《てつどう》トンネル	60	6月10日	第《だい》3回国連軍縮特別総会《かいこくれんぐんしゅくとくべつそうかい》を記念《きねん》し「国連栄誉表彰《こくれんえいよひょうしょう》」が贈《おく》られる
1989	1月8日	「昭和《しょうわ》」から「平成《へいせい》」に改元《かいげん》	61	6月14日	「東西《とうざい》における芸術《げいじゅつ》と精神性《せいしんせい》」と題《だい》してフランス学士院《がくしいん》で講演《こうえん》
	12月3日	ソ連《れん》のゴルバチョフ書記長《しょきちょう》とアメリカのブッシュ大統領《だいとうりょう》が会見《かいけん》し、東西冷戦《とうざいれいせん》の終結《しゅうけつ》を宣言《せんげん》			
1990	10月3日	東西《とうざい》ドイツが再統一《さいとういつ》	62	7月27日	ソ連《れん》を訪問《ほうもん》し、ゴルバチョフ大統領《だいとうりょう》と会見《かいけん》
				10月31日	南《みなみ》アフリカのマンデラ氏《し》と聖教新聞社《せいきょうしんぶんしゃ》で会見《かいけん》

1990〜1991年

「世界一《せかいいち》の学会《がっかい》をつくろう!」

1990年は、宗門《しゅうもん》の総本山《そうほんざん》である大石寺《たいせきじ》が開《ひら》かれて、700年にあたっていました。

創価学会《そうかがっかい》は真心《まごころ》をつくし、宗門《しゅうもん》を大切《たいせつ》にしてきました。池田《いけだ》先生《せんせい》が名誉会長《めいよかいちょう》になってからも、百数十《ひゃくすうじゅう》の寺《てら》を建《た》てて供養《くよう》し、大石寺《たいせきじ》にも建物《たてもの》を供養《くよう》しました。

７００年の節目《ふしめ》を祝賀《しゅくが》する文化祭《ぶんかさい》を９月に開《かい》さいするため、静岡県《しずおかけん》の男女青年部《だんじょせいねんぶ》などが、真夏《まなつ》の暑《あつ》い日《ひ》も練習《れんしゅう》を続《つづ》けてきました。

10月の祝賀《しゅくが》の式典《しきてん》では、宗門《しゅうもん》の「法主《ほっす》」（僧《そう》たちの中心者《ちゅうしんしゃ》）だった日顕《にっけん》も、学会《がっかい》と池田先生《いけだせんせい》をほめたたえ、先生《せんせい》に感謝状《かんしゃじょう》まで手《て》渡《わた》していたのです。

ところが、その陰《かげ》で日顕《にっけん》たちは、ひそかに、おどろくべき計《けい》画《かく》を進《すす》めていました。それは、池田先生《いけだせんせい》を追放《ついほう》して、創価学会《そうかがっかい》を破壊《はかい》し、自分《じぶん》たちの言《い》いなりになる信者《しんじゃ》だけを集《あつ》めようというものでした。

何《なに》くわぬ顔《かお》で供養《くよう》を取《と》るだけ取《と》った日顕《にっけん》たちは、12月になって突然《とつぜん》、学会本部《がっかいほんぶ》に文書《ぶんしょ》を送《おく》りつけてきました。学会創立《がっかいそうりつ》60周《しゅう》年《ねん》を記念《きねん》する本部幹部会《ほんぶかんぶかい》で、彼《かれ》らはこっそり先生《せんせい》のスピーチを録音《ろくおん》し、その話《はなし》の中身《なかみ》に、言《い》いがかりをつけてきたのです。

会長《かいちょう》たちが話《はな》し合《あ》いを求《もと》めても応《おう》じようとせず、僧《そう》たちだけの会議《かいぎ》を開《ひら》き、12月27日には〝池田名誉会長《いけだめいよかいちょう》を信徒代表《しんとだいひょう》から解《かい》任《にん》する〟とマスコミに伝《つた》えました。これで学会《がっかい》が大混乱《だいこんらん》するだろうと、日顕《にっけん》たちはたくらんでいたのです。

しかし、創価学会《そうかがっかい》はビクともしませんでした。学会《がっかい》の三代《さんだい》の会長《かいちょう》こそが、広宣流布《こうせんるふ》を現実《げんじつ》のものにしてきたことを、全世界《ぜんせかい》の同志《どうし》は深《ふか》く理解《りかい》していたからです。

しかも、宗門《しゅうもん》が送《おく》ってきた言《い》いがかりは、すべてまちがっていました。それを学会《がっかい》から一《ひと》つ一《ひと》つ指摘《してき》されると、彼《かれ》らもまちがいをみとめ、反論《はんろん》できなくなりました。

◎　◎　◎

宗門《しゅうもん》は、日顕《にっけん》への批判《ひはん》をさせないために「法主《ほっす》は御本尊《ごほんぞん》と同《おな》じ」などと主張《しゅちょう》しました。もはや宗門《しゅうもん》はすっかり、日蓮大聖人《にちれんだいしょうにん》の教《おし》えではなくなっていたのです。

追《お》いつめられた日顕《にっけん》は、ついに91年11月28日、創価学会《そうかがっかい》を「破門《はもん》する」と言《い》い出《だ》しました。それを知《し》った全世界《ぜんせかい》の同志《どうし》たちは〝バカバカしい。日蓮大聖人《にちれんだいしょうにん》から破門《はもん》されたのは、日顕《にっけん》と宗門《しゅうもん》のほうじゃないか〟と大笑《おおわら》いしました。

二日後《ふつかご》、全国《ぜんこく》の会館《かいかん》を衛星中継《えいせいちゅうけい》で結《むす》んで「創価《そうか》ルネサンス大《だい》勝利記念幹部会《しょうりきねんかんぶかい》」が開《ひら》かれました。

〝これでもう、いばった宗門《しゅうもん》に気《き》をつかわず、のびのびと世《せ》界広宣流布《かいこうせんるふ》に戦《たたか》える！〟

集《あつ》まった学会員《がっかいいん》は、どの顔《かお》もよろこびにあふれていました。

池田先生《いけだせんせい》は、11月28日は歴史的《れきしてき》な〝魂《たましい》の独立記念日《どくりつきねんび》〟になったと語《かた》り、晴《は》れやかによびかけました。

「『世界一《せかいいち》の朗《ほが》らかさ』と『世界一《せかいいち》の勇気《ゆうき》』をもって、『世界一《せかいいち》の創価学会《そうかがっかい》』の建設《けんせつ》へ邁進《まいしん》していただきたい。そして、大勝利《だいしょうり》の学会創立《がっかいそうりつ》70周年《しゅうねん》の西暦《せいれき》2000年を迎《むか》えましょう！」

1990年～1991年の主《おも》なできごと

西暦《せいれき》	世《よ》の中《なか》の主《おも》なできごと		年齢《ねんれい》	池田先生《いけだせんせい》・学会《がっかい》のできごと	
1990	1月7日	テレビアニメ「ちびまる子《こ》ちゃん」がスタート	62	11月16日	学会創立《がっかいそうりつ》60周年《しゅうねん》の11・18を祝賀《しゅくが》する本部《ほんぶ》幹部会《かんぶかい》に出席《しゅっせき》
	11月	日本《にほん》から海外《かいがい》への渡航《とこう》者《しゃ》が1000万人《まんにん》をこえる		12月13日	ノルウェーのオスロ国際《こくさい》平和研究所《へいわけんきゅうじょ》のルードガルド所長《しょちょう》と会談《かいだん》
1991	1月17日	多国籍軍《たこくせきぐん》がイラクを空《くう》爆《ばく》。湾岸戦争《わんがんせんそう》が起《お》こる	63	6月12日	ドイツのヴァイツゼッカー大統領《だいとうりょう》と会見《かいけん》
	8月6日	世界初《せかいはつ》のWeb《ウェブ》サイトがインターネットに開設《かいせつ》される		9月26日	「ソフト・パワーの時代《じだい》と哲学《てつがく》」と題《だい》してハーバード大学《だいがく》で初《はつ》の講演《こうえん》
	12月25日	ソ連《れん》（当時《とうじ》）のゴルバチョフ大統領《だいとうりょう》が辞任《じにん》。30日、ソビエト連邦《れんぽう》が解体《かいたい》		11月30日	全国《ぜんこく》を衛星中継《えいせいちゅうけい》で結《むす》んで「創価《そうか》ルネサンス大勝利《だいしょうり》記念幹部会《きねんかんぶかい》」を開催《かいさい》

1992〜1993年

小説《しょうせつ》「新《しん》・人間革命《にんげんかくめい》」の執筆《しっぴつ》

新《あたら》しい「創価《そうか》ルネサンス」の夜明《よあ》け——。

池田先生《いけだせんせい》は、1991年9月、世界最高峰《せかいさいこうほう》の大学《だいがく》であるアメリカのハーバード大学《だいがく》から招《まね》きを受《う》けて、講演《こうえん》を行《おこな》いました。

先生《せんせい》の英知《えいち》の言葉《ことば》は、聞《き》き入《い》っていた学者《がくしゃ》たちの心《こころ》を大《おお》きくゆさぶりました。2年後《ねんご》の93年9月、先生《せんせい》は再《ふたた》びハーバード大《だい》学《がく》から招《まね》かれ、講演《こうえん》を行《おこな》っています。

池田先生《いけだせんせい》がこれまで世界《せかい》の大学《だいがく》や学術機関《がくじゅつきかん》で講演《こうえん》した数《かず》は32回《かい》。人類《じんるい》の歩《あゆ》むべき道《みち》を照《て》らす、先生《せんせい》の英知《えいち》と思想《しそう》への共感《きょうかん》が、世界各国《せかいかっこく》の第一級《だいいっきゅう》の知性《ちせい》たちの間《あいだ》に広《ひろ》がっていきました。

先生《せんせい》の世界《せかい》との対話《たいわ》も、さらに本格的《ほんかくてき》に広《ひろ》がっていきます。

92年にエジプトやトルコを訪問《ほうもん》するなど、イスラム世界《せかい》との対話《たいわ》も深《ふか》めていきました。

さらに先生《せんせい》は、人種差別《じんしゅさべつ》と戦《たたか》ったアメリカのローザ・パークスさんなど、世界《せかい》の人権運動《じんけんうんどう》のリーダーたちとも友情《ゆうじょう》を育《はぐく》んでいきました。

いつの日《ひ》か、自分《じぶん》の後《あと》に続《つづ》く未来部員《みらいぶいん》たちのために！――その思《おも》いで、先生《せんせい》は世界《せかい》に対話《たいわ》と友情《ゆうじょう》の道《みち》を開《ひら》いていったのでした。

◎　◎　◎

1993年8月6日。

長野県《ながのけん》の軽井沢《かるいざわ》にある、創価学会長野研修道場《そうかがっかいながのけんしゅうどうじょう》。池田先生《いけだせんせい》はペンを手《て》に持《も》ち、思《おも》いをめぐらせていました。窓《まど》の外《そと》では木々《きぎ》の緑《みどり》を、霧《きり》が優《やさ》しく包《つつ》んでいます。

軽井沢《かるいざわ》は、池田先生《いけだせんせい》が戸田先生《とだせんせい》と最後《さいご》の夏《なつ》（1957年）を過《す》ごした、思《おも》い出深《でぶか》い場所《ばしょ》でした。

そして、軽井沢《かるいざわ》での師弟《してい》の語《かた》らいの中《なか》で、池田先生《いけだせんせい》は、恩《おん》師《し》・戸田先生《とだせんせい》の真実《しんじつ》をつづり残《のこ》すために、いつの日《ひ》か小説《しょうせつ》『人《にん》間革命《げんかくめい》』を執筆《しっぴつ》しなければならないと決意《けつい》したのです。

戸田先生《とだせんせい》を主人公《しゅじんこう》とした小説《しょうせつ》『人間革命《にんげんかくめい》』は、65年1月から聖教新聞《せいきょうしんぶん》に連載《れんさい》され、93年2月に全《ぜん》12巻《かん》の物語《ものがたり》が完結《かんけつ》していました。

この時《とき》、池田先生《いけだせんせい》は新《あら》たに『新《しん》・人間革命《にんげんかくめい》』の執筆《しっぴつ》を開始《かいし》しようとしていました。今度《こんど》は、第《だい》3代会長《だいかいちょう》となった池田先生《いけだせんせい》ご自身《じしん》（小説《しょうせつ》の中《なか》では「山本伸一《やまもとしんいち》」という名前《なまえ》）が主人公《しゅじんこう》になります。

池田先生《いけだせんせい》によって広宣流布《こうせんるふ》が世界《せかい》に広《ひろ》がっていったことこそ、師《し》である戸田先生《とだせんせい》の本当《ほんとう》の偉大《いだい》さの証明《しょうめい》になる。また、牧《まき》口《ぐち》・戸田《とだ》・池田《いけだ》という創価《そうか》の三代《さんだい》の精神《せいしん》を、未来永遠《みらいえいえん》に伝《つた》えていくためにも、自身《じしん》の姿《すがた》を通《とお》して「弟子《でし》の道《みち》」を書《か》き残《のこ》していかなければならない。そう考《かんが》えての、新《あら》たな執筆《しっぴつ》でした。
8月6日は、広島《ひろしま》に人類《じんるい》の歴史《れきし》で初《はじ》めて原子爆弾《げんしばくだん》が落《お》とされた日《ひ》です。思《おも》いをめぐらせていた先生《せんせい》は、やがてペンを走《はし》らせました。

平和《へいわ》ほど、尊《とうと》きものはない。
平和《へいわ》ほど、幸福《こうふく》なものはない。
平和《へいわ》こそ、人類《じんるい》の進《すす》むべき、
根本《こんぽん》の第一歩《だいいっぽ》であらねばならない。

日本中《にほんじゅう》、世界中《せかいじゅう》をめぐりながら小説《しょうせつ》を書《か》くことは、想像《そうぞう》できないほどに大変《たいへん》です。先生《せんせい》は「みんなが喜《よろこ》んでくれるなら」と、命《いのち》をけずる思《おも》いで執筆《しっぴつ》したのです

この書《か》き出《だ》しで始《はじ》まる『新《しん》・人間革命《にんげんかくめい》』は、全《ぜん》30巻《かん》の長編小《ちょうへんしょう》説《せつ》となって、25年後《ねんご》の2018年に完結《かんけつ》します。二《ふた》つの小説《しょうせつ》が聖教新聞《せいきょうしんぶん》に連載《れんさい》された回数《かいすう》は合《あ》わせて7978回《かい》。これは新聞《しんぶん》連載小説《れんさいしょうせつ》として日本一《にほんいち》の記録《きろく》となりました。

1992年～1993年の

主《おも》なできごと

西暦《せいれき》		世《よ》の中《なか》の主《おも》なできごと	年齢《ねんれい》		池田先生《いけだせんせい》・学会《がっかい》のできごと
1992	6月3日	環境《かんきょう》と開発《かいはつ》に関《かん》する国《こく》際会議《さいかいぎ》（地球《ちきゅう》サミット）がブラジルで開幕《かいまく》	64	9月1日	香港創価幼稚園《ホンコンそうかようちえん》が開園《かいえん》
1993	1月	大相撲《おおずもう》の曙《あけぼの》が外国人力《がいこくじんりき》士《し》として初《はじ》めて横綱《よこづな》に昇進《しょうしん》	65	1月17日	シンガポール創価幼稚園《そうかようちえん》が開園《かいえん》
	3月18日	新幹線《しんかんせん》「のぞみ」が山陽新幹線《さんようしんかんせん》で運行開始《うんこうかいし》。東京《とうきょう》－博多間《はかたかん》がさらに時間短縮《じかんたんしゅく》		1月30日	ローザ・パークスさんと会見《かいけん》
	4月10日	ＮＨＫ《エヌエイチケイ》アニメ「忍《にん》たま乱太郎《らんたろう》」が放送開始《ほうそうかいし》		8月6日	小説《しょうせつ》『新《しん》・人間革命《にんげんかくめい》』の執筆開始《しっぴつかいし》
	5月	プロサッカー「Ｊ《ジェイ》リーグ」が開幕《かいまく》		9月24日	アメリカのハーバード大《だい》学《がく》で２度目《どめ》の講演《こうえん》
	8月26日	東京都港区《とうきょうとみなとく》のレインボーブリッジが開通《かいつう》		11月18日	小説《しょうせつ》『新《しん》・人間革命《にんげんかくめい》』が聖教新聞《せいきょうしんぶん》で連載開始《れんさいかいし》

1994〜1997年

学会《がっかい》をねたむ嵐《あらし》の中《なか》でも悠然《ゆうぜん》と

青年《せいねん》のために。さらに、そのあとに続《つづ》く少年少女《しょうねんしょうじょ》のために——。

池田先生《いけだせんせい》の、世界《せかい》のリーダーたちとの対話《たいわ》は、さらに勢《いきお》いを増《ま》していきました。

1994年2月。タイの名門《めいもん》タマサート大学《だいがく》で、先生《せんせい》はタイ王室《おうしつ》のガラヤニ王女《おうじょ》をご案内《あんない》して「世界《せかい》の少年少女絵画展《しょうねんしょうじょかいがてん》」の開幕式《かいまくしき》に出席《しゅっせき》しました。次《つぎ》の日《ひ》には、プーミポン国王《こくおう》と、3度目《どめ》となる会見《かいけん》にのぞみます。

帰国《きこく》すると、今度《こんど》はコロンビアのガビリア大統領《だいとうりょう》を、東京牧口記念会館《とうきょうまきぐちきねんかいかん》に迎《むか》えました。初代会長《しょだいかいちょう》・牧口常三郎先生《まきぐちつねさぶろうせんせい》の〝正義《せいぎ》〟をたたえるため、前年《ぜんねん》の秋《あき》に完成《かんせい》したばかりの殿堂《でんどう》です。

3月、この東京牧口記念会館《とうきょうまきぐちきねんかいかん》に集《つど》った東北《とうほく》の同志《どうし》に、池田先生《いけだせんせい》は語《かた》りました。

「戦《たたか》い続《つづ》ける心《こころ》が『仏《ほとけ》』、行動《こうどう》し続《つづ》ける姿《すがた》が『仏《ほとけ》』である」

どんな困難《こんなん》があっても、前《まえ》へ前《まえ》へと挑戦《ちょうせん》し続《つづ》ける。その戦《たたか》う勇気《ゆうき》の中《なか》に、偉大《いだい》な生命力《せいめいりょく》があらわれてくるのです。

◎　◎　◎

このころ、創価学会《そうかがっかい》に対《たい》する障魔《しょうま》の嵐《あらし》が吹《ふ》きあれていました。学会《がっかい》の発展《はってん》をねたむ、政治家《せいじか》や宗教団体《しゅうきょうだんたい》、一部《いちぶ》マスコミなどが、結託《けったく》して攻撃《こうげき》してきたのです。陰《かげ》には、邪悪《じゃあく》な退転者《たいてんしゃ》と宗門《しゅうもん》の僧《そう》たちがいました。

その嵐《あらし》の中《なか》を、先生《せんせい》はおそれることなく悠然《ゆうぜん》と、人類《じんるい》の未来《みらい》のために行動《こうどう》していきました。

95年11月。「SGI憲章《エスジーアイけんしょう》」が発表《はっぴょう》されました。「世界市民《せかいしみん》」の精神《せいしん》で、人類《じんるい》の平和《へいわ》・文化《ぶんか》・教育《きょういく》のためにつくしていくという、全世界《ぜんせかい》のSGI《エスジーアイ》のメンバーの宣言《せんげん》でした。

◎　◎　◎

96年6月。池田先生《いけだせんせい》はキューバを初訪問《はつほうもん》。この時《とき》、キューバはアメリカとはげしく対立《たいりつ》していて、世界中《せかいじゅう》が心配《しんぱい》していたのです。

キューバの最高指導者《さいこうしどうしゃ》だったカストロ議長《ぎちょう》と池田先生《いけだせんせい》の会見《かいけん》

は、キューバのテレビニュースで放送《ほうそう》されました。それを見《み》たキューバ国民《こくみん》は、おどろきました。いつも公式《こうしき》の場《ば》では軍服姿《ぐんぷくすがた》だった議長《ぎちょう》が、スーツを着《き》ていたからです。

「平和主義者《へいわしゅぎしゃ》を迎《むか》えるのにふさわしい服装《ふくそう》に着《き》がえました」

カストロ議長《ぎちょう》は笑顔《えがお》で池田先生《いけだせんせい》に語《かた》りました。

キューバを発《た》った先生《せんせい》は、今度《こんど》はコスタリカに到着《とうちゃく》しました。フィゲレス大統領《だいとうりょう》が、空港《くうこう》まで先生《せんせい》を出迎《でむか》えました。

コスタリカでは、ラテン・アメリカで初《はつ》となる「核兵器《かくへいき》——人類《じんるい》への脅威《きょうい》」展《てん》が開《かい》さいされました。フィゲレス大統領《だいとうりょう》と、やはり先生《せんせい》の友人《ゆうじん》であり、ノーベル平和賞受賞者《へいわしょうじゅしょうしゃ》であるアリアス元大統領《もとだいとうりょう》が出席《しゅっせき》した開幕式《かいまくしき》。会場《かいじょう》の隣《となり》にある子《こ》ども博物館《はくぶつかん》から、にぎやかな声《こえ》が聞《き》こえてきました。

あいさつに立《た》った池田先生《いけだせんせい》は、こう語《かた》りかけました。

「『未来《みらい》からの使者《ししゃ》』である少年《しょうねん》・少女《しょうじょ》の皆《みな》さん」

「にぎやかな、活気《かっき》に満《み》ちた、この声《こえ》こそ、姿《すがた》こそ、『平和《へいわ》』そのものです」

1994年～1997年の 主《おも》なできごと

西暦《せいれき》		世《よ》の中《なか》の主《おも》なできごと	年齢《ねんれい》		池田先生《いけだせんせい》・学会《がっかい》のできごと
1994	7月8日	アジア人《じん》女性《じょせい》初《はつ》の宇宙《うちゅう》飛行士《ひこうし》・向井千秋《むかいちあき》さんが宇宙《うちゅう》へ	66	2月7日	タイのタマサート大学《だいがく》で「世界《せかい》の少年少女絵画展《しょうねんしょうじょかいがてん》」の開幕式《かいまくしき》に出席《しゅっせき》。翌《よく》8日、プーミポン国王《こくおう》と会見《かいけん》
	9月4日	大阪湾《おおさかわん》に関西国際空港《かんさいこくさいくうこう》が開港《かいこう》		2月28日	東京牧口記念会館《とうきょうまきぐちきねんかいかん》でコロンビアのガビリア大統領《だいとうりょう》と会見《かいけん》
1995	1月17日	阪神《はんしん》・淡路大震災《あわじだいしんさい》	67	4月16日	マレーシア創価幼稚園《そうかようちえん》が開園《かいえん》
1996	12月	広島《ひろしま》の原爆《げんばく》ドームが世《せ》界遺産《かいいさん》に	68	6月25日	キューバを初訪問《はつほうもん》。カストロ議長《ぎちょう》と会見《かいけん》
	この年《とし》	携帯電話《けいたいでんわ》を持《も》つ人《ひと》が急増《きゅうぞう》		6月28日	コスタリカで行《おこな》われた「核兵器《かくへいき》──人類《じんるい》への脅威《きょうい》」展《てん》に出席《しゅっせき》
1997	7月	アニメ映画《えいが》「もののけ姫《ひめ》」が公開《こうかい》。大《だい》ヒットとなる	69	9月14日	戸田先生《とだせんせい》の「原水爆禁止宣言《げんすいばくきんしせんげん》」40周年《しゅうねん》を記念《きねん》し、横浜市《よこはまし》で行《おこな》われた「世界青年平和音楽祭《せかいせいねんへいわおんがくさい》」に出席《しゅっせき》

１９９８～２０００年

新《あら》たな千年《せんねん》のために道《みち》を開《ひら》く

１９９８年１月２日。池田《いけだ》先生《せんせい》は70歳《さい》の誕生日《たんじょうび》を迎《むか》えました。先生《せんせい》は少年時代《しょうねんじだい》から病弱《びょうじゃく》で、医師《いし》から〝30歳《さい》までは生《い》きられないだろう〟と言《い》われていたのです。そしてこの日《ひ》、小説《しょうせつ》『新《しん》・人間革命《にんげんかくめい》』の第《だい》１巻《かん》が発刊《はっかん》されました。

二日後《ふつかご》の１月４日、先生《せんせい》の随筆《ずいひつ》が聖教新聞《せいきょうしんぶん》に掲載《けいさい》されます。

その中《なか》で先生《せんせい》は、70歳《さい》までに「新《あたら》しき人間主義《にんげんしゅぎ》の哲理《てつり》を確《かく》立《りっ》」したことを宣言《せんげん》し、さらに80歳《さい》までの目標《もくひょう》として「世界広《せかいこう》布《ふ》の基盤完成《きばんかんせい》なる哉《かな》」と記《しる》しました。

そして、そこから先《さき》の未来《みらい》については「このあとは、妙法《みょうほう》に説《と》く不老不死《ふろうふし》のままに、永遠《えいえん》に広宣流布《こうせんるふ》の指揮《しき》をとることを決《けっ》意《い》する」とつづりました。

人類《じんるい》の幸福《こうふく》と平和《へいわ》のため、いかなる嵐《あらし》にも負《ま》けず、広宣流布《こうせんるふ》に生《い》き抜《ぬ》いてきた池田先生《いけだせんせい》。その広宣流布《こうせんるふ》のバトンを受《う》けつぐのは少年少女部《しょうねんしょうじょぶ》のみんなです。未来《みらい》のどんな時《とき》も、みんなが常《つね》に池田先生《いけだせんせい》と〝対話《たいわ》〟できるように、先生《せんせい》は全《ぜん》30巻《かん》となる

『新《しん》・人間革命《にんげんかくめい》』を書《か》き続《つづ》けたのです。このことを、覚《おぼ》えておいてください。

◎　◎　◎

この時《とき》、21世紀《せいき》まであと3年。21世紀《せいき》の到来《とうらい》は、西暦《せいれき》1000年代《ねんだい》の人類《じんるい》の歴史《れきし》が終《お》わり、新《あら》たに2001年から3000年までの千年間《せんねんかん》(千年紀《せんねんき》)を迎《むか》える、大《おお》きな転換点《てんかんてん》でもありました。

新《あら》たな千年《せんねん》のために、先生《せんせい》はひたすら道《みち》を開《ひら》いていきました。

平和《へいわ》へ――。核兵器廃絶《かくへいきはいぜつ》への民衆《みんしゅう》の声《こえ》を、さらにさらに強《つよ》めていかなければならない。先生《せんせい》の呼《よ》びかけで、創価学会青年部《そうかがっかいせいねんぶ》は「核廃絶《かくはいぜつ》」を願《ねが》う1300万人《まんにん》の署名《しょめい》を集《あつ》め、1998年の秋《あき》に国連本部《こくれんほんぶ》に提出《ていしゅつ》しました。

教育《きょういく》へ――。1999年5月には、創価大学《そうかだいがく》のキャンパス内《ない》に本部棟《ほんぶとう》が完成《かんせい》しました。国際会議場《こくさいかいぎじょう》もそなえた18階建《かいだ》て。晴《は》れた日《ひ》は、かなたに富士山《ふじさん》も見《み》えます。

◎

◎

◎

21世紀《せいき》を1年後《ねんご》にひかえた2000年1月。世界《せかい》に数千人《すうせんにん》の会員《かいいん》を持《も》つ国際詩人《こくさいしじん》アカデミーは、池田先生《いけだせんせい》に「マン・オブ・ザ・ミレニアム（千年紀《せんねんき》を代表《だいひょう》する人物《じんぶつ》）」称号《しょうごう》をおくりました。この賞《しょう》を受《う》けているのは、それまで世界《せかい》で池田先生《いけだせんせい》ただ一人《ひとり》でした。

さらに9月には、アメリカの公民権運動《こうみんけんうんどう》の指導者《しどうしゃ》・キング博士の母校《ぼこう》であるモアハウス大学《だいがく》から、池田先生《いけだせんせい》に「最高学識《さいこうがくしき》者《しゃ》」称号《しょうごう》が授与《じゅよ》されました。授与《じゅよ》のために来日《らいにち》したキング国際《こくさい》チャペルのカーター所長《しょちょう》は池田先生《いけだせんせい》のことを、〝ガンジーとキングの崇高《すうこう》な精神《せいしん》を、生《い》きながらに体現《たいげん》する存在《そんざい》〟とたたえました。

モアハウス大学《だいがく》には、世界《せかい》の偉大《いだい》な「人権《じんけん》の闘士《とうし》」の肖像画《しょうぞうが》が飾《かざ》られています。カーター所長《しょちょう》は、そこに新《あら》たに飾《かざ》られることになった肖像画《しょうぞうが》を披露《ひろう》しました。

それは、池田先生《いけだせんせい》と奥《おく》さまの肖像《しょうぞう》で、さらに牧口先生《まきぐちせんせい》、戸田《とだ》先生《せんせい》の姿《すがた》もえがかれたものだったのです。

創価《そうか》の三代《さんだい》の指導者《しどうしゃ》を、世界《せかい》が高《たか》く評価《ひょうか》する新世紀《しんせいき》が、いよいよ始《はじ》まろうとしていました。

1998年～2000年の

主《おも》なできごと

西暦《せいれき》		世《よ》の中《なか》の主《おも》なできごと	年齢《ねんれい》		池田先生《いけだせんせい》・学会《がっかい》のできごと
1998	2月7日	長野冬季《ながのとうき》オリンピック開幕《かいまく》	70	10月26日	青年部《せいねんぶ》が集《あつ》めた「核兵器廃絶《かくへいきはいぜつ》」を願《ねが》う1300万人《まんにん》の署名《しょめい》を国連《こくれん》に提出《ていしゅつ》
1999	10月5日	自公連立政権《じこうれんりつせいけん》が発足《ほっそく》	71	7月2日	創価大学創立《そうかだいがくそうりつ》30周年《しゅうねん》を記念《きねん》した本部棟《ほんぶとう》の落成式《らくせいしき》が行《おこな》われる
	10月20日	TV《テレビ》アニメ「ONE《ワン》 PIECE《ピース》」が放送開始《ほうそうかいし》		11月18日	創価学会《そうかがっかい》から英訳御書《えいやくごしょ》（上巻《じょうかん》）が発刊《はっかん》
2000	6月13日	韓国《かんこく》と北朝鮮《きたちょうせん》の初《はつ》の首《しゅ》脳会談《のうかいだん》	72	1月31日	国際詩人《こくさいしじん》アカデミーから「マン・オブ・ザ・ミレニアム（千年紀《せんねんき》を代表《だいひょう》する人物《じんぶつ》）」称号《しょうごう》
	12月1日	BS《ビーエス》デジタル放送開始《ほうそうかいし》		8月13日	インドに創価池田女子大学《そうかいけだじょしだいがく》が開学《かいがく》
	この年《とし》	パソコンの国内出荷台数《こくないしゅっかだいすう》が過去最高《かこさいこう》。「IT革命《アイティーかくめい》」が流行語《りゅうこうご》に		9月7日	セアハウス大学《だいがく》からの「最高学識者《さいこうがくしきしゃ》」称号授与式《しょうごうじゅよしき》に出席《しゅっせき》（東京牧口記念会館《とうきょうまきぐちきねんかいかん》）

2001〜2003年

創価教育《そうかきょういく》の学校《がっこう》を世界《せかい》に

青々《あおあお》と水《みず》をたたえる美《うつく》しい「平和《へいわ》の池《いけ》」。空高《そらたか》くふき上《あ》がるふん水《すい》。

21世紀《せいき》が開幕《かいまく》した2001年の5月3日。アメリカ合衆国《がっしゅうこく》カリフォルニア州《しゅう》オレンジ郡《ぐん》の緑豊《みどりゆた》かな丘《おか》に、ついにアメリカ創《そう》価大学《かだいがく》（SUA《エスユーエー》）が開学《かいがく》しました。創立者《そうりつしゃ》は池田先生《いけだせんせい》です。

オレンジ郡《ぐん》という地名《ちめい》は、かつてこの一帯《いったい》がオレンジ畑《ばたけ》だったことによります。一年中《いちねんじゅう》、さんさんと太陽《たいよう》の光《ひかり》が降《ふ》り注《そそ》ぎ、丘《おか》の向《む》こうに太平洋《たいへいよう》が見《み》えます。

美《うつく》しいキャンパスには、芝生《しばふ》の庭《にわ》が広《ひろ》がり、ルネサンス様式《ようしき》の校舎《こうしゃ》や学生寮《がくせいりょう》、図書館《としょかん》などが並《なら》んでいます。ふん水《すい》の正面《しょうめん》にあるドーム型《がた》の屋根《やね》の建物《たてもの》は「ファウンダーズ ホール」と命《めい》名《めい》されました。「ファウンダー」とは「創立者《そうりつしゃ》」という意味《いみ》です。学生一人一人《がくせいひとりひとり》が〝自分《じぶん》が創立者《そうりつしゃ》だ〟という心《こころ》で、大学《だいがく》の未《み》来《らい》を開《ひら》いてほしい。それが、池田先生《いけだせんせい》の思《おも》いでした。

第《だい》1回入学式《かいにゅうがくしき》のメッセージで、池田先生《いけだせんせい》はこう呼《よ》びかけました。

「百年《ひゃくねん》、二百年先《にひゃくねんさき》、さらには五百年《ごひゃくねん》、千年先《せんねんさき》の人類《じんるい》の未来《みらい》のために、天《てん》を突《つ》く大樹《たいじゅ》のごとき、堂々《どうどう》たる世界平和《せかいへいわ》の指導者群《しどうしゃぐん》を、断固《だんこ》として育成《いくせい》したい。私《わたし》は、その燃《も》え上《あ》がる思《おも》いで、アメリカ創価大学《そうかだいがく》を創立《そうりつ》いたしました」

アメリカ創価大学《そうかだいがく》の特色《とくしょく》は、なんといっても世界各国《せかいかっこく》から学生《がくせい》たちが集《あつ》まっていることです。人種《じんしゅ》も宗教《しゅうきょう》もさまざまです。

池田先生《いけだせんせい》の友人《ゆうじん》である、ノーベル賞受賞者《しょうじゅしょうしゃ》など世界的《せかいてき》な学者《がくしゃ》やリーダーたちも、数多《かずおお》くアメリカ創価大学《そうかだいがく》を訪《おとず》れています。学習室《がくしゅうしつ》は24時間開放《じかんかいほう》されていて、学生《がくせい》たちは寮生活《りょうせいかつ》をしながら猛勉強《もうべんきょう》を重《かさ》ねています。その結果《けっか》、これまで卒業生《そつぎょうせい》の多《おお》くが、アメリカやヨーロッパの名門大学院《めいもんだいがくいん》に進学《しんがく》してきました。さまざまなランキング調査《ちょうさ》で、アメリカ創価大学《そうかだいがく》は早《はや》くも、全米《ぜんべい》でトップクラスの大学《だいがく》の仲間入《なかまい》りをしています。

創価教育《そうかきょういく》の舞台《ぶたい》は、さらに世界《せかい》に広《ひろ》がりました。同《おな》じく2001年にはブラジルに創価幼稚園《そうかようちえん》が開園《かいえん》。日本《にほん》、香港《ホンコン》、シンガポール、マレーシアについで5番目《ばんめ》の創価幼稚園《そうかようちえん》です。2008年には韓国《かんこく》に幸福幼稚園《こうふくようちえん》が開園《かいえん》。

2003年には、ブラジル創価学園《そうかがくえん》が開校《かいこう》しました（2023年に創価《そうか》インターナショナルスクール・マレーシアが開校予定《かいこうよてい》）。

また、2000年には、インドの教育者《きょういくしゃ》セトゥ・クマナン博士が、インドのチェンナイに「創価池田女子大学《そうかいけだじょしだいがく》」を創立《そうりつ》しました。クマナン博士はSGI《エスジーアイ》のメンバーではありません。博士は英訳《えいやく》された池田先生《いけだせんせい》の詩《し》に出合《であ》って心《こころ》をゆさぶられ、池田先《いけだせん》生《せい》を師《し》とあおぎ、先生《せんせい》の思想《しそう》を根本《こんぽん》にした女性教育《じょせいきょういく》の大学《だいがく》を創《そう》立《りつ》したのです。

池田先生《いけだせんせい》は、アメリカ創価大学《そうかだいがく》の学生《がくせい》たちに期待《きたい》を寄《よ》せています。

「皆《みな》さんの中《なか》から、21世紀《せいき》のガンジーが、タゴールが続々《ぞくぞく》と出《で》てほしい。また、21世紀《せいき》のポーリング博士やキング博士、ローザ・パークス女史《じょし》も育《そだ》ちゆくであろうことを、私《わたし》は確信《かくしん》しております」

2001年〜2003年の 主《おも》なできごと

西暦《せいれき》	世《よ》の中《なか》の主《おも》なできごと		年齢《ねんれい》	池田先生《いけだせんせい》・学会《がっかい》のできごと	
2001	3月31日	大阪《おおさか》にユニバーサル・スタジオ・ジャパンが開園《かいえん》	73	2月16日	中国《ちゅうごく》・広東《カントン》省《しょう》社会《しゃかい》科学院《かがくいん》から名誉教授称号《めいよきょうじゅしょうごう》を受《う》ける
	7月20日	映画《えいが》「千《せん》と千尋《ちひろ》の神隠《かみかく》し」が公開《こうかい》 大《だい》ヒットとなる		6月6日	ブラジル創価幼稚園《そうかようちえん》が開園《かいえん》
	9月11日	アメリカ同時多発《どうじたはつ》テロ事件《じけん》が発生《はっせい》		8月24日	アメリカ創価大学《そうかだいがく》の第《だい》1回入学式《かいにゅうがくしき》にメッセージをおくる
2002	5月	サッカーのＦＩＦＡ《フィファ》ワールドカップが日本《にほん》と韓国共同《かんこくきょうどう》で開幕《かいまく》	74	6月8日	モスクワ大学《だいがく》から名誉教授称号《めいよきょうじゅしょうごう》を受《う》ける。 1975年の「名誉《めいよ》博士」に続《つづ》く2つ目《め》の称号《しょうごう》
2003	5月9日	小惑星探査機《しょうわくせいたんさき》「はやぶさ」の打《う》ち上《あ》げ（2010年6月に地球《ちきゅう》へ帰還《きかん》）	75	2月3日	ブラジル創価幼稚園《そうかようちえん》がブラジル創価学園《そうかがくえん》に発展《はってん》し初《はじ》めての入学式《にゅうがくしき》

2004〜2006年

師匠《ししょう》にささげる〝知性《ちせい》の宝冠《ほうかん》〟

師匠《ししょう》がいかに偉大《いだい》であるか——。

それを証明《しょうめい》するのは〝弟子《でし》の勝利《しょうり》〟の姿《すがた》です。池田先生《いけだせんせい》は、若《わか》き日《ひ》から「戸田先生《とだせんせい》、牧口先生《まきぐちせんせい》の偉大《いだい》さを、世界《せかい》に証明《しょうめい》してみせる！」と深《ふか》く決意《けつい》してきました。

2004年1月。東京牧口記念会館《とうきょうまきぐちきねんかいかん》にお迎《むか》えしたのは、ロシア連邦《れんぽう》・サハ共和国《きょうわこく》のボリソフ文化大臣《ぶんかだいじん》です。北極《ほっきょく》に近《ちか》いサハ共和国《きょうわこく》は、真冬《まふゆ》にはマイナス60度《ど》にもなるそうです。

北極文化芸術国立大学《ほっきょくぶんかげいじゅつこくりつだいがく》の総長《そうちょう》でもある大臣《だいじん》は、池田先生《いけだせんせい》に「名誉教授《めいよきょうじゅ》」の称号《しょうごう》をおくるため、はるばる来日《らいにち》したのでした。

池田先生《いけだせんせい》は、こうスピーチしました。

「大臣《だいじん》からいただいた〝知性《ちせい》の宝冠《ほうかん》〟を、私《わたし》は牧口先生《まきぐちせんせい》、戸《と》田先生《だせんせい》という二人《ふたり》の師匠《ししょう》に、つつしんでささげさせていただきたい。創価《そうか》の三代《さんだい》の師弟《してい》は、断固《だんこ》として世界《せかい》で勝《か》ったのである」

この日《ひ》、先生《せんせい》はイタリアで活《かつ》やくするサッカー選手《せんしゅ》、ロベルト・バッジョさんの様子《ようす》をみんなに伝《つた》えました。当時《とうじ》36歳《さい》でまだ現役選手《げんえきせんしゅ》だったバッジョさんは、イタリア創価学会《そうかがっかい》のメンバーで、「FIFA《フィファ》世界最優秀選手《せかいさいゆうしゅうせんしゅ》」にも選《えら》ばれたスーパースターでした。

ケガや悪意《あくい》の中傷《ちゅうしょう》など、さまざまな苦難《くなん》をのりこえ、挑戦《ちょうせん》を続《つづ》けるバッジョさんの姿《すがた》をたたえながら、先生《せんせい》はこう語《かた》りました。

「『創価《そうか》の師弟《してい》の力《ちから》が、どれほど強《つよ》いか。わが実証《じっしょう》で、断《だん》じて世界《せかい》に示《しめ》してみせる！』――これが彼《かれ》の固《かた》い信念《しんねん》であった」

「わが最高峰《さいこうほう》に挑《いど》み、自分自身《じぶんじしん》が勝利《しょうり》する。これが、信仰《しんこう》の目的《もくてき》である。人生《じんせい》の正《ただ》しい勝利《しょうり》の姿《すがた》である。人間《にんげん》が人間《にんげん》として勝利《しょうり》した姿《すがた》である」

◎　◎　◎

そして2006年10月7日。

創価大学《そうかだいがく》の池田記念講堂《いけだきねんこうどう》に、学生《がくせい》の代表《だいひょう》ら4000人《にん》が集《つど》いました。新聞社《しんぶんしゃ》など報道陣《ほうどうじん》も集《あつ》まっています。

この日《ひ》、中国《ちゅうごく》の名門《めいもん》・北京師範大学《ペキンしはんだいがく》から葛建平《かつけんぺい》・副学長《ふくがくちょう》が来日《らいにち》して、創価大学《そうかだいがく》の創立者《そうりつしゃ》でもある池田先生《いけだせんせい》に「名誉教授《めいよきょうじゅ》」称号《しょうごう》がおくられたのです。

世界中《せかいじゅう》の指導者《しどうしゃ》からも祝福《しゅくふく》のメッセージが届《とど》き、そのニュースは世界中《せかいじゅう》に報道《ほうどう》されました。

受章式典《じゅしょうしきてん》で、葛副学長《かつふくがくちょう》はこう語《かた》りました。

――私《わたし》たちは、池田先生《いけだせんせい》が世界平和《せかいへいわ》のため全力《ぜんりょく》をつくしてこられたことに、心《こころ》から敬意《けいい》を表《ひょう》します。創価大学《そうかだいがく》の教員《きょういん》・学生《がくせい》の皆《みな》さま。皆《みな》さまがこのような偉大《いだい》な人物《じんぶつ》を創立者《そうりつしゃ》にもっていることを、私《わたし》たちはうらやましく思《おも》います。しかし、池田先生《いけだせんせい》は〝創価大学《そうかだいがく》だけの池田先生《いけだせんせい》〟ではありません。先生《せんせい》は世界中《せかいじゅう》の人々《ひとびと》の精神《せいしん》の宝《たから》です――

池田先生《いけだせんせい》をたたえる世界《せかい》からの「知性《ちせい》の宝冠《ほうかん》」は、今《いま》もなおおくられ続《つづ》けています。師子《しし》の子《こ》は、一人残《ひとりのこ》らず、必《かなら》ず師子《しし》となります。そして、少年少女部《しょうねんしょうじょぶ》の皆《みな》さんは、〝世界一《せかいいち》の英知《えいち》の人《ひと》〟池田先生《いけだせんせい》の弟子《でし》なのです。

2004年～2006年の 主《おも》なできごと

西暦《せいれき》		世《よ》の中《なか》の主《おも》なできごと	年齢《ねんれい》		池田先生《いけだせんせい》・学会《がっかい》のできごと
2004	8月	アテネ五輪《ごりん》が開催《かいさい》。日《に》本《ほん》は当時《とうじ》、史上最多《しじょうさいた》の37個《こ》のメダルを獲得《かくとく》	76	1月10日	ロシア・サハ共和国《きょうわこく》の北《ほっ》極《きょく》文化《ぶんか》芸術国立大学《げいじゅつこくりつだいがく》から名誉教授称号《めいよきょうじゅしょうごう》を受《う》ける
2005	3月25日	愛《あい》・地球博《ちきゅうはく》が愛知県《あいちけん》で開幕《かいまく》。世界《せかい》から121カ国《こく》が参加《さんか》した国際博覧会《こくさいはくらんかい》	77	2月18日	ノーベル平和賞《へいわしょう》を受賞《じゅしょう》したワンガリ・マータイ博士と聖教新聞本社《せいきょうしんぶんほんしゃ》で会見《かいけん》
2006	3月	野球《やきゅう》の世界一決定戦《せかいいちけっていせん》「ワールド・ベースボール・クラシック」の第《だい》1回《かい》が開催《かいさい》。日本《にほん》が初代《しょだい》王者《おうじゃ》に	78	3月6日	日中《にっちゅう》の教育交流拠点《きょういくこうりゅうきょてん》として創価大学《そうかだいがく》の北京事務所《ペキンじむしょ》が中国《ちゅうごく》・北京《ペキン》に誕生《たんじょう》
	5月	海外《かいがい》に住《す》む日本人《にほんじん》の総《そう》数《すう》が戦後初《せんごはじ》めて100万《まん》人《にん》を突破《とっぱ》		10月7日	北京師範大学《ペキンしはんだいがく》から名誉教《めいよきょう》授称号《じゅしょうごう》を受《う》ける
	8月	冥王星《めいおうせい》が惑星《わくせい》から除外《じょがい》され太陽系惑星《たいようけいわくせい》は9個《こ》から8個《こ》に			

2007〜2013年

後継《こうけい》の弟子《でし》にすべてをたくす

仏法《ぶっぽう》のあらゆる経典《きょうてん》の中《なか》で〝王者《おうじゃ》の経典《きょうてん》〟とたたえられてきた法華経《ほけきょう》。そこには、どんな人《ひと》の命《いのち》にも、自分《じぶん》を幸福《こうふく》にし、勝利《しょうり》させていく力《ちから》がそなわっているのだと説《と》かれています。そして、釈尊《しゃくそん》はこの法華経《ほけきょう》の教《おし》えを〝全世界《ぜんせかい》に広宣流布《こうせんるふ》せよ〟と述《の》べて、とりわけ末法広宣流布《まっぽうこうせんるふ》を予言《よげん》しています。

日本《にほん》に出現《しゅつげん》された日蓮大聖人《にちれんだいしょうにん》は、釈尊《しゃくそん》の民衆救済《みんしゅうきゅうさい》の願《ねが》いを受《う》け継《つ》ぎ、その法華経《ほけきょう》の肝心《かんじん》である南無妙法蓮華経《なんみょうほうれんげきょう》の御本尊《ごほんぞん》をあらわされました。

そして、大聖人《だいしょうにん》の「太陽《たいよう》の仏法《ぶっぽう》」が全世界《ぜんせかい》に広《ひろ》まりゆくことを宣言《せんげん》されました。

およそ700年の時《とき》を越《こ》えて、末法《まっぽう》の御本仏《ごほんぶつ》・日蓮大聖人《にちれんだいしょうにん》が門下《もんか》に託《たく》した「世界広宣流布《せかいこうせんるふ》」の大願《だいがん》の実現《じつげん》に立《た》ち上《あ》がったのが創価学会《そうかがっかい》なのです。日本《にほん》の広宣流布《こうせんるふ》の基礎《きそ》を築《きず》いた戸田城聖《とだじょうせい》先生《せんせい》は、若《わか》き池田先生《いけだせんせい》に言《い》いました。

「君《きみ》は世界《せかい》に征《い》くんだ！」

池田先生《いけだせんせい》は、恩師《おんし》の心《こころ》を胸《むね》にいだいて、日本中《にほんじゅう》を、そして世《せ》界各国《かいかっこく》をかけめぐってきました。どこに行《い》っても、池田先生《いけだせんせい》は常《つね》に、目《め》の前《まえ》の一人《ひとり》の人《ひと》をはげましました。

◎　◎　◎

池田先生《いけだせんせい》が初《はじ》めて海外《かいがい》に飛《と》び立《た》ったのは、第《だい》3代会長《だいかいちょう》になってまもなくのことでした。わずかな数《かず》の同志《どうし》をはげまし、まだ学会員《がっかいいん》がいない国《くに》に行《い》けば、使命《しめい》の人《ひと》が必《かなら》ず誕生《たんじょう》することを祈《いの》って、大地《だいち》にしみこませる思《おも》いで題目《だいもく》を唱《とな》えてきました。

その先生《せんせい》の祈《いの》りとはげましによって、ついに世界《せかい》192カ国《こく》・地域《ちいき》で、何百万人《なんびゃくまんにん》もの創価学会《そうかがっかい》のメンバーが活《かつ》やくする時代《じだい》がきました。今《いま》では24時間《じかん》、一瞬《いっしゅん》もとぎれることなく、常《つね》に学会員《がっかいいん》の題目《だいもく》の声《こえ》が地球《ちきゅう》を包《つつ》んでいます。

「世界広宣流布《せかいこうせんるふ》」という、法華経《ほけきょう》の予言《よげん》、日蓮大聖人《にちれんだいしょうにん》の大願《だいがん》を、仏法《ぶっぽう》の歴史《れきし》で初《はじ》めて、池田先生《いけだせんせい》と創価学会《そうかがっかい》のメンバーが現実《げんじつ》のものにしたのです。

◎
◎
◎

創価学会《そうかがっかい》は、人類《じんるい》の平和《へいわ》と幸福《こうふく》の〝希望《きぼう》の船《ふね》〟です。この創《そう》価学会《かがっかい》が、はるか未来《みらい》まで、さらに勝《か》ち栄《さか》えていくために大事《だいじ》なことは何《なん》でしょうか。

それは、師匠《ししょう》の後《あと》を受《う》け継《つ》ぐ弟子《でし》が、師匠《ししょう》と同《おな》じ決意《けつい》で、大《おお》きな力《ちから》を出《だ》して、同《おな》じ夢《ゆめ》に向《む》かって進《すす》むことです。一人残《ひとりのこ》らず、幸福《こうふく》になって、〝私《わたし》は勝《か》った〟といえる人生《じんせい》を生《い》きることです。

初代会長《しょだいかいちょう》・牧口常三郎先生《まきぐちつねさぶろうせんせい》の心《こころ》を受《う》け継《つ》いで、第《だい》2代会長《だいかいちょう》の戸田城聖先生《とだじょうせいせんせい》は一人立《ひとりた》ち、日本《にほん》の広宣流布《こうせんるふ》の基盤《きばん》を築《きず》きました。

第《だい》3代会長《だいかいちょう》となった池田大作先生《いけだだいさくせんせい》は、戸田先生《とだせんせい》の心《こころ》を受《う》け継《つ》いで、世界《せかい》192カ国《こく》・地域《ちいき》にまで仏法《ぶっぽう》を弘《ひろ》め、平和《へいわ》・文化《ぶんか》・教育《きょういく》のゆるぎない道《みち》を切《き》り開《ひら》きました。

では、池田先生《いけだせんせい》の心《こころ》を受《う》け継《つ》いでいくのはだれなのか。それは、世界各国《せかいかっこく》の少年少女部《しょうねんしょうじょぶ》のみんなです。みんなは、池田先生《いけだせんせい》からバトンを受《う》け継《つ》ぎ、次《つぎ》の22世紀《せいき》の人類《じんるい》へバトンを渡《わた》していく、深《ふか》い〝使命《しめい》の人《ひと》〟なのです。

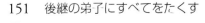

第《だい》3代会長就任《だいかいちょうしゅうにん》から50周年《しゅうねん》となる2010年5月3日を、晴《は》れ晴《ば》れと大勝利《だいしょうり》で迎《むか》えた池田先生《いけだせんせい》。

さあ、これから未来《みらい》へ向《む》けて、後継《こうけい》の弟子《でし》たちが、どのように決意《けつい》し、育《そだ》ち、戦《たたか》い、勝《か》っていくか。翌月《よくげつ》、先生《せんせい》はメッセージの中《なか》で、こう呼《よ》びかけました。

「厳然《げんぜん》と一切《いっさい》を見守《みまも》っております」

「どうか、皆《みな》さん方《がた》は、今《いま》こそ、自《みずか》らの使命《しめい》の大舞台《おおぶたい》で、威《い》風堂々《ふうどうどう》と、広布《こうふ》と人生《じんせい》の勝利《しょうり》の歴史《れきし》を断固《だんこ》として創《つく》り残《のこ》してもらいたい」

不思議《ふしぎ》にも今《いま》、世界各国《せかいかっこく》で、新《あら》たな青年《せいねん》たち、未来部員《みらいぶいん》たちが、次々《つぎつぎ》と誕生《たんじょう》し、池田門下生《いけだもんかせい》として立《た》ち上《あ》がっています。

◎　◎　◎

2013年、東京《とうきょう》・信濃町《しなのまち》の創価学会総本部《そうかがっかいそうほんぶ》に「広宣流布大《こうせんるふだい》誓堂《せいどう》」が落成《らくせい》しました。ここに、これまで学会本部《がっかいほんぶ》にご安置《あんち》され、戸田先生《とだせんせい》、池田先生《いけだせんせい》が、広宣流布《こうせんるふ》を誓願《せいがん》し、祈《いの》りぬいてきた創価学会常住《そうかがっかいじょうじゅう》の「大法弘通慈折広宣流布大願成就《だいほうぐつうじしゃくこうせんるふだいがんじょうじゅ》」の御本尊《ごほんぞん》がご安置《あんち》されました。

11月5日には、池田先生《いけだせんせい》が出席《しゅっせき》して勤行《ごんぎょう》し、落慶入仏式《らっけいにゅうぶつしき》（建《たて》物《もの》が完成《かんせい》し、御本尊《ごほんぞん》をご安置《あんち》する式典《しきてん》）が行《おこな》われました。

大誓堂《だいせいどう》は、その名前《なまえ》の通《とお》り、集《つど》った弟子《でし》が、師匠《ししょう》と同《おな》じ決意《けつい》で「広宣流布《こうせんるふ》」を誓《ちか》う殿堂《でんどう》です。師弟《してい》が心《こころ》を一《ひと》つにして出発《しゅっぱつ》する場所《ばしょ》です。

経典《きょうてん》の王者《おうじゃ》である法華経《ほけきょう》の中《なか》には、「当起遠迎当如敬仏《とうきおんごうとうにょきょうぶつ》」という8文字《もじ》があります。法華経《ほけきょう》の教《おし》えを実践《じっせん》する人《ひと》がいたら、その人《ひと》を仏様《ほとけさま》のように尊敬《そんけい》して、大切《たいせつ》に出迎《でむか》えなさいという意《い》味《み》です。

大誓堂《だいせいどう》の北側《きたがわ》と南側《みなみがわ》には、それぞれ8本《ほん》の柱《はしら》がそびえています。池田先生《いけだせんせい》はこの8本《ほん》の柱《はしら》について「学会員《がっかいいん》を仏《ほとけ》の如《ごと》くに大《たい》

広宣《こうせん》流《る》布《ふ》大誓堂《だいせいどう》で行《おこな》われてきた「誓願勤行会《せいがんごんぎょうかい》」に参加《さんか》した世界中《せかいじゅう》の同志《どうし》は今《いま》、池田先生《いけだせんせい》との誓《ちか》いを果《は》たそうとそれぞれの場所《ばしょ》で挑戦《ちょうせん》を続《つづ》けています

切《せつ》にする『創価《そうか》の心《こころ》』を体《たい》した八文字《はちもじ》の象徴《しょうちょう》なりと、私《わたし》は後世《こうせい》のために申《もう》し上《あ》げておきます」と語《かた》りました。

友《とも》だちを、家族《かぞく》を大切《たいせつ》にする。そして学会《がっかい》の人《ひと》たちを尊敬《そんけい》し、大切《たいせつ》にする。みんなも、この〝池田先生《いけだせんせい》の心《こころ》〟を実践《じっせん》していってください。

2007年～2013年の主《おも》なできごと

西暦《せいれき》		世《よ》の中《なか》の主《おも》なできごと	年齢《ねんれい》		池田先生《いけだせんせい》・学会《がっかい》のできごと
2007	2月18日	第《だい》1回《かい》東京《とうきょう》マラソンを開催《かいさい》	79	10月5日	世界詩歌協会《せかいしいかきょうかい》から「世界《せかい》民衆詩人《みんしゅうしじん》」称号《しょうごう》を受《う》ける
2008	3月	国際宇宙《こくさいうちゅう》ステーション日本《にほん》の実験棟《じっけんとう》「きぼう」がドッキング	80	3月15日	韓国《かんこく》の幸福幼稚園《こうふくようちえん》が開園《かいえん》
	8月	北京《ペキン》オリンピックが開幕《かいまく》		5月	池田先生《いけだせんせい》の海外出版《かいがいしゅっぱん》の総数《そうすう》が1000点《てん》に
	11月	アメリカ合衆国《がっしゅうこく》の大統領《だいとうりょう》選挙《せんきょ》でバラク・オバマ氏《し》が当選《とうせん》。2009年就任《ねんしゅうにん》		5月8日	来日《らいにち》した中国《ちゅうごく》の胡錦涛主席《こきんとうしゅせき》と会見《かいけん》
2009	7月	日本《にほん》の陸地《りくち》では46年《ねん》ぶりとなる皆既日食《かいきにっしょく》が起《お》こる	81	12月9日	ゴルバチョフ・元《もと》ソ連大《だい》統領《とうりょう》と10回目《かいめ》の会談《かいだん》
2010	6月13日	小惑星探査機《しょうわくせいたんさき》「はやぶさ」が7年《ねん》ぶりに地球《ちきゅう》に帰還《きかん》	82	11月21日	アメリカ・マサチューセッツ大学《だいがく》ボストン校《こう》から「名《めい》誉人文学《よじんぶんがく》博士号《ごう》」を受《う》ける
2011	3月11日	東日本大震災《ひがしにほんだいしんさい》が発生《はっせい》	83	9月1日	被災地《ひさいち》への励《はげ》ましの意義《いぎ》をこめて小説《しょうせつ》『新《しん》・人間革命《にんげんかくめい》』第《だい》25巻《かん》「福光《ふっこう》」の章《しょう》の連載《れんさい》を開始《かいし》
2012	8月	ロンドンオリンピック開催《かいさい》	84	12月8日	信濃町《しなのまち》に完成《かんせい》した創価文化《そうかぶんか》センターを訪問《ほうもん》
2013	6月26日	富士山《ふじさん》が世界文化遺産《せかいぶんかいさん》に登録《とうろく》される	85	11月5日	広宣流布大誓堂《こうせんるふだいせいどう》で落慶入仏式《らっけいにゅうぶつしき》を行《おこな》う

2014年～

〝私《わたし》はみなさんを信《しん》じています〟

今《いま》、世界《せかい》のさまざまな国《くに》の名門大学《めいもんだいがく》で、「池田大作研究《いけだだいさくけんきゅう》」が広《ひろ》がっています。

人々《ひとびと》をたたえ、はげますために、池田先生《いけだせんせい》はどのような文章《ぶんしょう》や詩《し》をつづってきたのだろう？

宗教《しゅうきょう》や文化《ぶんか》のちがう国々《くにぐに》が、たがいを理解《りかい》し、尊敬《そんけい》し合《あ》えるために、先生《せんせい》はどのような行動《こうどう》をしてきたのだろう？　だれもが平和《へいわ》に生《い》きていける世界《せかい》を築《きず》くために、先生《せんせい》はどのような知恵《ちえ》を示《しめ》しているのだろう？

池田先生《いけだせんせい》の「対話《たいわ》」は、なぜ世界《せかい》を変《か》えてくることができたのだろう？

研究《けんきゅう》テーマは、どんどん増《ふ》えています。一人《ひとり》の人間《にんげん》がこんなにも力《ちから》を秘《ひ》めているのか！　一人《ひとり》の人間《にんげん》がこれほどまでに行動《こうどう》できるものなのか！　世界《せかい》がおどろきを持《も》って見《み》つめています。

池田先生《いけだせんせい》の歩《あゆ》んできた道《みち》は、そのまま、人間《にんげん》というものの偉《い》大《だい》さの証明《しょうめい》になっています。

◎　◎　◎

2018年8月6日。
池田先生《いけだせんせい》は長野研修道場《ながのけんしゅうどうじょう》で、小説《しょうせつ》『新《しん》・人間革命《にんげんかくめい》』の最後《さいご》の原稿《げんこう》を書《か》き終《お》えました。

1993年8月6日に、65歳《さい》で執筆《しっぴつ》を始《はじ》めてから25年。全《ぜん》30巻《かん》の長編小説《ちょうへんしょうせつ》です。世界《せかい》の指導者《しどうしゃ》たちと語《かた》り合《あ》い、日本中《にほんじゅう》、世《せ》界中《かいじゅう》の同志《どうし》にはげましを送《おく》る日々《ひび》の中《なか》での執筆《しっぴつ》でした。

池田先生《いけだせんせい》の胸《むね》には、恩師《おんし》・戸田先生《とだせんせい》の声《こえ》がひびいていました。

「創価《そうか》の精神《せいしん》を伝《つた》え残《のこ》せ！　この世《よ》の使命《しめい》を果《は》たしぬくのだ！」

小説《しょうせつ》『新《しん》・人間革命《にんげんかくめい》』は、池田先生《いけだせんせい》（小説《しょうせつ》の中《なか》では山本伸一《やまもとしんいち》という名前《なまえ》）が創価学会《そうかがっかい》の第《だい》3代会長《だいかいちょう》に就任《しゅうにん》してから、21世紀《せいき》を迎《むか》えるまでの物語《ものがたり》です。

この『新《しん》・人間革命《にんげんかくめい》』はいくつもの言語《げんご》に翻訳《ほんやく》されて、世界《せかい》各国《かっこく》で読《よ》まれています。あの国《くに》でも、この国《くに》でも、『新《しん》・人間《にんげん》革命《かくめい》』を通《とお》して、〝自分《じぶん》も山本伸一《やまもとしんいち》のように生《い》きよう！〟と、池田先生《いけだせんせい》から「勝利《しょうり》のバトン」「世界平和《せかいへいわ》のバトン」が受《う》け継《つ》がれているのです。

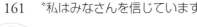

◎　◎　◎

池田先生《いけだせんせい》は、未来部《みらいぶ》のメンバーにこう語《かた》っています。

「たとえ諸君《しょくん》が、自分《じぶん》で自分《じぶん》をだめだと思《おも》っても、私《わたし》はそうは思《おも》わない。

全員《ぜんいん》が使命《しめい》の人《ひと》であることを疑《うたが》わない。

だれが諸君《しょくん》をばかにしようと、私《わたし》は諸君《しょくん》を尊敬《そんけい》する。諸君《しょくん》を信《しん》じる。

池田先生《いけだせんせい》ご夫妻《ふさい》は、いつも、少年少女部《しょうねんしょうじょぶ》のみなさんを見守《みまも》っています。今度《こんど》は「ししの心《こころ》」を受《う》け継《つ》いだみなさんが、自分《じぶん》の「ストーリー」をつづっていきましょう

今《いま》がどうであれ、すばらしい未来《みらい》が開《ひら》けることを私《わたし》は絶対《ぜったい》に確信《かくしん》しています」

どんな人《ひと》にも使命《しめい》がある。どんな人《ひと》にも、幸福《こうふく》になっていく力《ちから》がある――。池田先生《いけだせんせい》が証明《しょうめい》してきた〝人間《にんげん》の持《も》つ偉大《いだい》な力《ちから》〟を、今度《こんど》は後《あと》を継《つ》ぐみんなが、わが人生《じんせい》をかけて証明《しょうめい》していく番《ばん》です。

ほがらかに！　勇気《ゆうき》を出《だ》して！

負《ま》けない心《こころ》で！

みんなは一人《ひとり》残《のこ》らず、池田先生《いけだせんせい》という「王者《おうじゃ》」から王冠《おうかん》をゆずり受《う》けた、「王子《おうじ》」「王女《おうじょ》」なのですから。

2014年～の

主《おも》なできごと

西暦《せいれき》		世《よ》の中《なか》の主《おも》なできごと	年齢《ねんれい》		池田先生《いけだせんせい》・学会《がっかい》のできごと
2014	6月	群馬県《ぐんまけん》の富岡製糸場《とみおかせいしじょう》が世界文化遺産《せかいぶんかいさん》に登録《とうろく》されることが決定《けってい》	86	この年《とし》	全国各地《ぜんこくかくち》で世界広布新時《せかいこうふしんじ》代《だい》の幕開《まくあ》けを飾《かざ》る創価青《そうかせい》年大会《ねんたいかい》を開催《かいさい》
2015	3月	北陸新幹線《ほくりくしんかんせん》の長野《ながの》－金《かな》沢間《ざわかん》が開業《かいぎょう》	87	7月	未来部《みらいぶ》の第《だい》1回《かい》「E《イー》－1《ワン》グランプリ」の募集《ぼしゅう》がスタート。11月《がつ》に決勝《けっしょう》大会《たいかい》を開催《かいさい》
2016	5月27日	アメリカ合衆国《がっしゅうこく》のバラク・オバマ大統領《だいとうりょう》が広《ひろ》島《しま》を訪問《ほうもん》。核兵器《かくへいき》の廃《はい》絶《ぜつ》を訴《うった》える	88	11月13日	東日本大震災《ひがしにほんだいしんさい》の被災地《ひさいち》に建設《けんせつ》された新《しん》「東北文化《とうほくぶんか》会館《かいかん》」で、「新生《しんせい》・東北代《とうほくだい》表幹部会《ひょうかんぶかい》」を開催《かいさい》
2017	7月7日	国連《こくれん》で核兵器禁止条約《かくへいききんしじょうやく》が採択《さいたく》	89	9月2日	戸田城聖先生《とだじょうせいせんせい》の「原水爆《げんすいばく》禁止宣言《きんしせんげん》」発表《はっぴょう》60周年《しゅうねん》を記念《きねん》し、「青年不戦《せいねんふせん》サミット」を開催《かいさい》
2018	2月	冬季五輪《とうきごりん》が韓国《かんこく》・平昌《ピョンチャン》で開《ひら》かれ日本《にほん》は冬季《とうき》で最多《さいた》の13のメダルを獲得《かくとく》	90	8月6日	小説《しょうせつ》『新《しん》・人間革命《にんげんかくめい》』の最後《さいご》の原稿《げんこう》を書《か》き終《お》える

師子のストーリー
池田先生の歩み

2021年7月3日　発　行

編　者　少年少女きぼう新聞編集部
発行者　松　岡　資
発行所　聖教新聞社
〒160-8070　東京都新宿区信濃町7
電話　03-3353-6111（代表）
印刷・製本　図書印刷株式会社

＊

定価は表紙に表示してあります
落丁・乱丁本はお取り替えいたします
© BUNBOU Co. Ltd. 2021　Printed in Japan
ISBN978-4-412-01682-8

本書の無断複写（コピー）は著作権法上での例外を除き、禁じられています